KB180368

10월의 모든 역사

세계사

세계사　10月

10월의 모든 역사

● 이종하 지음

디오네

매일매일 일어난 사건이 역사가 된다

역사란 무엇일까. 우리는 왜 역사에 관심을 갖는 것일까.

이 책을 쓰는 내내 머릿속을 맴돌던 질문이다.

아널드 토인비는 역사를 도전과 응전의 개념으로 설명한 바 있다. 그것은 인류사 전체를 아우르는 커다란 카테고리를 설명하기에는 더없이 좋은 개념이다. 그러나 미시적인 문제로 들어가면 이야기가 달라진다. 나일 강의 범람 때문에 이집트에서 태양력과 기하학, 건축술, 천문학이 발달하였다는 것은 도전과 응전으로 설명이 가능하지만, 예술사에서 보이는 사조의 뒤섞임과 되돌림은 그런 논리만으로는 설명이 안 된다.

사실 역사란 무엇인가에 대한 관심은 대학 시절 야학 교사로 역사 과목을 담당하면서 싹텄다. 교과서에 나와 있는 대로 강의를 하는 것은 죽은 교육 같았다. 살아 있는 역사를 강의해야 한다는 생각에 늘 고민이 깊었다. 야학이 문을 닫은 후에 뿌리역사문화연구회를 만든 것도 그런 고민을 해결하지 못했기 때문이다.

약 10년간 뿌리역사문화연구회를 이끌면서 '어린이와 청소년을 위한 교실 밖 역사 여행' '어린이 역사 탐험대'를 만들어 현장에서 어린이와 청소년을 만났다. 책으로 배우는 역사와 유적지의 냄새를 맡으며 배우는 역사는 느낌이 전혀 달랐다. 불이학교 등의 대안학교에서 한국사 강의를 맡았을 때도 그런 느낌은 피부로 와 닿았다.

그렇다고 역사를 현장에서만 접해야 한다는 것은 아니다. 역사 자체는 어차피 관념 속에 있는 것이며, 그것이 우리에게 구체적으로 구현되는 것은 기록을 통해서이기 때문이다. 역사는 과거이며, 그 과거는 기록으로 존재한다. 그러나 현재에 펼쳐진 과거의 기록은 현재를 해석하는 도구이고, 결국 미래를 향한다.

이 책은 매일매일 일어난 사건이 역사가 된다는 사실에 기초하여, 1월 1일부터 12월 31일까지 일어난 중요한 사건들을 날짜별로 기록한 것이다. 사건의 중요도에 따라 집필 분량을 달리하였으며, 『1월의 모든 역사 - 한국사』『1월의 모든 역사 - 세계사』처럼 매월 한국사와 세계사로 구분하였다. 1월부터 12월까지 총 24권에 걸쳐 국내외에서 일어난 중요한 역사적 사실들을 흥미진진하게 담았다.

이 책에 나와 있는 날짜는 태양력을 기준으로 하였다. 음력으로 기록된 사건이나 고대의 기록은 모두 현재 사용하는 태양력을 기준으로 환산하여 기술하였다. 고대나 중세의 사건 가운데에는 날짜가 불명확한 것도 존재한다. 그것들은 학계의 정설과 다수설에 따라 기술했음을 밝힌다.

수년에 걸친 작업이었지만 막상 책으로 엮으니 어설픈 부분이 적지 않게 눈에 들어온다. 앞으로 그것들은 차차 보완을 거쳐 이 시리즈만으로도 인류 역사의 대부분을 일견할 수 있도록 만들고 싶다.

이 책을 쓰다 보니 매일매일을 성실하게 노력하며 살아야겠다는 생각이 든다. 매일매일의 사건이 결국 역사가 되기 때문이다.

이종하

차례

10月

10月

10월의
모든 역사

10월 1일

기원전 331년 10월 1일

알렉산더 대왕, 가우가멜라 전투에서 승리하다

'앞으로 그대가 나와 대화하고 싶다면, 수신인을 아시아의 대왕으로 할 것이며, 나와 동등한 입장으로 편지하지 마시오. 당신의 소유였던 것은 이제 모두 나의 것이니, 당신이 어떤 것을 원한다면 예의를 갖춰 내게 물으시오. 행여 그대가 나와 맞서 싸우려 한다면 나중에 도망가려 해도 소용이 없을 것이오. 당신이 어디로 피신하든 나는 당신을 찾아낸다는 것을 잊지 마시오.'

-페르시아의 다리우스 3세가 보낸 협상 제안 편지에 대한 알렉산더 대왕의 답장

기원전 333년 11월, 마케도니아의 알렉산더(Alexandros the Great : B.C. 356~B.C. 323) 대왕은 페르시아의 다리우스 3세(Darius Ⅲ : B.C. 380~B.C. 330)를 맞아 소아시아 반도의 남동쪽 끝에 위치한 이수스 전투에서 승리하였다.

그 결과, 다리우스 3세는 패배하여 도주하고 왕비 및 왕자들은 포로가 되었다. 이후 알렉산더는 대공세를 펼쳤다. 결국 페르시아는 이러한 대공세에 밀려 소아시아와 시리아, 이집트를 상실하였다.

2년 후인 기원전 331년 1월 알렉산더 대왕은 이집트에 자신의 이름을 딴 알렉산드리아를 건설하였다.

다리우스 3세는 알렉산더의 공세를 막기 위하여 유프라테스 강 서쪽 전역의 페르시아 영토 할양과 3만 달란트의 금, 그리고 왕녀를 바치는 조건으로 화평을 제의하였다. 하지만 알렉산더는 대왕은 이를 일언지하에 거절하였다.

이에 다리우스 3세는 페르시아 전 지역에서 병력을 모아 전투에 임할 수밖에 없었다. 더 이상의 패배는 페르시아 제국의 멸망을 의미하는 것이었기 때문이다. 보병 100만 명, 기병 4만 명이라는 엄청난 대군이 모였다. 반면에 알렉산드로스의 병력은 보병 3만 명과 기병 7,000명에 불과하였다.

하지만 면면을 살펴보면 분위기가 달랐다. 페르시아군은 소수의 왕실 근위대를 제외하면 마구잡이로 끌어모은 소수 부족의 병사들이 대부분이었다. 한마디로 기강도, 훈련도 부족한 '잡병' 수준이었다. 더군다나 24개 국적의 연합군이었기 때문에 병사들 간에 의사소통도 되지 않았다.

이에 반해 알렉산더가 이끄는 마케도니아군은 절반이 넘는 병력이 최정예로 이루어진 중무장 보병이었다. 당시 이들의 전투력은 세계 최강이었다.

드디어 331년 10월 1일 티그리스 강 동쪽의 가우가멜라에서 전투가 벌어졌다. 이 전투에서 알렉산더는 이전까지는 볼 수 없었던, 놀라운 창의적인 전술을 구사하였다. 그의 계획은 페르시아 기병대를 최대한 좌우 날개 쪽으로 끌어들여서 적진의 틈을 만들고 그 생긴 틈으로 결정적인 일격을 가하여 다리우스의 본진으로 침투해 들어간다는 것이다.

이것은 완벽한 타이밍과 기동을 요하는 전술이었고 무엇보다 알렉산더 자신이 제일 먼저 움직여야 하는 작전이었다. 마케도니아군은 적의 기병을 최대한 끌어들이기 위해 45도로 비스듬히 배열하였다.

이에 다리우스는 전차를 돌격시켰다. 마케도니아군은 전차에 대한 대비를 충분히 한 상태여서 맹렬하게 돌진하는 전차에 맞서 제1열이 비스듬히 물러나 틈을 열고 제2열이 전차를 에워싸는 전술을 구사했다.

결국 전차는 쥐덫처럼 마케도니아 창병에 의해 포위되었고 마케도니아군은 손쉽게 기수를 찔러 죽일 수 있었다. 특히 마케도니아의 밀집보병 방진인 팔랑크스가 전차를 격퇴시켰다. 그리고 알렉산더는 다리우스 본진까지 진격하였다.

갑자기 전선을 돌파당한 페르시아군은 어쩔 줄을 몰랐다. 다리우스는 목숨이 위험해지자 또다시 말머리를 돌려 도주하였고, 페르시아군 또한 그를 뒤따라 도망쳤다.

이로 인해 페르시아는 멸망하였고, 알렉산더는 페르시아 전체 지역을 지배하게 되었다.

한편 도주한 다리우스는 파르티아 사막에서 그의 사촌인 박트리아의 왕 베소스에게 살해당했다.

* 기원전 331년 1월 20일 '알렉산더 대왕, 알렉산드리아 건설' 참조
* 기원전 323년 6월 13일 '알렉산더 대왕, 열병으로 급사하다' 참조

1949년 10월 1일

중화 인민 공화국 성립

일어나라! 노예 되기 싫은 이들이여!

우리의 피와 살로 새로운 장성을 세우세.

중화민족 가장 위험한 때 모두 외치는 마지막 절규.

일어나라! 일어나라! 일어나라! 다 같이 한맘으로 적들을 향해 앞으로!

적들을 향해 앞으로! 앞으로! 앞으로! 나아가자!

-「의용군 행진곡」

1949년 10월 1일, 중국 톈안먼天安門 광장에 군중이 구름처럼 몰려든 가운데 성루에 오른 마오쩌둥(毛澤東 : 1893~1976)이 중화 인민 공화국의 성립을 국내외에 알렸다.

톈안먼 광장에 오성홍기가 하늘 높이 나부끼고 예포가 울려 퍼지자 군중들은 열렬한 환호성으로 새로운 중국의 탄생을 경축했다.

국공 내전國共內戰에서 국민당을 타이완으로 몰아내고 승리를 거둔 중국 공산당은 1949년 9월 말에 열린 중국 인민 정치 협상 회의에서 중화 인민 공화국中華人民共和國 건국을 결의하였다.

그리고 마오쩌둥을 중화 인민 공화국의 주석으로 추대했고 주더(朱德 : 1886~1976)와 류사오치(劉少奇 : 1898~1969) 등을 부주석으로 결정하였다.

또한 베이징北京을 수도로 삼고 「의용군 행진곡義勇軍 行進曲」과 오성홍기五星紅旗를 국가와 국기로 결정했다. 원래 「의용군 행진곡」은 항일 구국 투쟁을 주제로 만든 영화 「풍운아녀風雲兒女」의 주제가였다.

오성홍기는 혁명을 상징하는 붉은 색 바탕에 황인종을 뜻하는 노란 색의 별 다섯 개가 그려져 있다. 큰 별은 중국공산당을 가리키고 네 개의 작은 별은 각각 노동자 · 농민 · 지식계급 · 민족자본가 계급을 뜻한다.

신해혁명과 청나라 멸망, 군벌 시대, 중화민국 수립, 중일 전쟁, 국민당과 공산당의 합작과 내전을 거친 30년간의 혁명 과정은 결국 공산당의 승리로 끝났다.

—

1946년 10월 1일

뉘른베르크 국제 군사 재판이 끝나다

—

제2차 세계 대전에서 승리를 거둔 소련 · 프랑스 · 미국 · 영국은 독일 정부에 철저한 나치 처벌을 요구하였다. 이에 패전국 독일은 전쟁 범죄와 유대인 대학살에 대한 사죄와 보상을 해야만 했다.

제2차 세계 대전이 끝난 후 미국 · 영국 · 프랑스 · 소련 등 네 나라는 독일의 전쟁 범죄인을 처벌하기 위한 협정을 맺었다. 그리고 1945년 11월부터 독일 뉘른베르크에서 국제 군사 재판을 11개월에 걸쳐 진행하였다.

뉘른베르크 국제 군사 재판의 법적 근거는 승전국들이 작성한 '국제 군사 재판 조례'였다. 재판관은 네 나라에서 보낸 4인으로 구성되었고 변호인단은 모두 독일인이었다.

이 재판에서 나치 전범 24명이 재판대에 올랐으며 그중에는 아돌프 히틀러(Adolf Hitler : 1889~1945)의 오른팔이자 나치 독일의 2인자였던 헤르만 괴링(Hermann Goering : 1893~1946)도 있었다. 그는 국가 비밀경찰과 강제 수용소를 만들어 악명을 떨쳤다.

괴링은 심리 중에 "전쟁의 승자는 언제나 재판관이 되고, 패자는 피고석에 선다."며 자신이 전범자라고 인정하지 않았다. 그리고 군사 재판의 미국 쪽 주심을 맡았던 로버트 잭슨(Robert Houghwout Jackson : 1892~1954)은 "기소할 것인가 말 것인가, 기소한다면 얼마만큼의 형량을 매길 것인가는 결국 정치적 판단에 따를 수밖에 없었다. 그런 결정은 미국 대통령이 내렸다."고 회고록에서 말하였다.

결국 전쟁 범죄를 다루는 재판은 정치적 성격을 띨 수밖에 없었지만, 그렇다고 전쟁 범죄가 정당화되거나 합리화될 수 있는 것은 아니었다.

뉘른베르크 군사 재판은 재판 기간 도중 사망한 두 명을 제외한 나머지 전범들 중 12명에게 교수형, 3명에게 종신형, 4명에게 10년~20년의 징역형, 3명에게 무죄를 선고하고 1946년 10월 1일에 마무리되었다.

1958년 10월 1일

미국 항공 우주국 발족

1958년 7월 29일, 미국 대통령 드와이트 아이젠하워(Dwight David Eisenhower : 1890~1969)는 '국가 항공 우주법'에 서명하였다. 이로써 그해 10월 1일 미국 항공 우주국NASA이 발족했다.

NASA의 모체는 43년간 항공 기술 연구를 지도해 온 미국 항공 자문 위원회NACA였다. NASA는 이날 해군 조사 연구소로부터 뱅가드 계획과 스텝 150명, 또 육군으로부터 달 탐사기, 공군으로부터 로켓 엔진 계획을 이관받았다.

미국은 이로써 소련과의 본격적인 우주 개발 경쟁에 뛰어들었다. NASA는 우주 개발과 군사 활동을 분리, 평화적 국가 프로젝트를 실행하기 위한 독립 기관으로 만들어져 '아폴로 계획' '스페이스 셔틀 계획'을 추진했다.

NASA는 미국 내에 본부와 17개의 시설, 세계 각국에 40개의 추적소가 있다. 기관으로는 장비 개발을 담당하는 항공 우주 기술부, 우주와 태양계 및 지구의 기원 · 구조 · 진화를 다루는 우주 과학 및 응용부, 유인 · 무인 우주 수송과 우주 왕복선 관련 사항을 다루는 우주 비행부, 추적 · 자료 수집을 담당하는 우주 추적 및 자료부, 유인 우주 정거장 건설에 관한 장기 계획을 관리하는 우주 정거장부 등 5개 부서가 있다.

2012년 현재 워싱턴에 본부를 두고 있다.

1964년 10월 1일

일본, 세계 최초의 고속 철도 신칸센 개통

일본은 1964년 도쿄 올림픽 개최에 맞추어 그해 10월 1일 세계 최초의 고속 철도 신칸센新幹線을 개통하였다. 1981년 9월에 개통한 프랑스 고속 열차 테제베TGV보다 무려 17년이 앞선 것이었다.

신칸센 개통은 제2차 세계 대전 이후 20년 만에 일본의 재기를 세계에 널리 알리게 된 계기가 되었다.

앞서 일본은 1959년 공사를 시작하여 1964년 7월 25일 동경과 신오사카를 연결하는 515Km 구간의 도카이도東海道 신칸센을 완공했다. 신칸센은 두 달 여의 시험 운행을 거쳐 10월 1일 정식 운행을 시작하였다. 개통 당시 평균 속도는 시속 210Km이었다.

이후 신칸센은 1982년 6월 도호쿠東北 신칸센, 같은 해 11월 조에쓰上越 신칸센 등을 개통하며 구간을 확대하였다. 1992년 야마가타 신칸센, 1997년 나가노 신칸센 등을 거쳐 2004년에는 규슈 신칸센이 개통되었다.

신칸센은 도입 이래 신칸센 자체의 기계 결함으로 인한 인명 사고는 한 번도 없을 정도로 안정성이 높다. 1987년 국철의 민영화와 함께 일본 여객 철도JR 소속이 되었다.

* **1981년 9월 27일 '프랑스 고속 열차 테제베 첫 운행' 참조**

10월의
모든 역사

10월 2일

—

1187년 10월 2일

이슬람의 살라딘,
기독교인들에게 빼앗긴 예루살렘을 함락시키다

—

살라딘이 예루살렘을 함락시키자, 기독교도들은 십자군이 이슬람을 죽인 것처럼 자신들도 모두 이슬람에게 살해될 것이라 믿고 두려움에 떨었다.

하지만 살라딘은 관용을 베풀어 남자들은 10디나르, 여자들은 5디나르, 아이들은 1디나르씩의 몸값을 받고 풀어 주었다. 특히 살라딘은 개인의 재량으로 나이가 많은 이들은 몸값을 지불하지 않아도 풀려날 수 있음을 선언했다.

과부들과 고아들은 몸값을 탕감해 주는 데 그치지 않고 선물까지 주어 보냈다. 그러자 재무대신이 원망 섞인 눈초리로 말했다.

"저 잔혹한 기독교도들은 우리 백성들을 모두 베어 버렸는데, 술탄께서는 왜 그들을 살려 보내십니까?"

그러자 살라딘이 이렇게 말했다.

"우리가 연약한 노인과 과부들을 포함해서 포로들을 모두 베어 버린다면 저 배타적인 기독교도들과 다를 것이 무엇인가? 저들과 똑같이 행동한다면 저들과 같은 부류의 인간이 될 뿐이다."

1171년 살라딘(Saladin : 1137~1193)이 파티마 왕조를 무너뜨리고 이집트의 지배자가 되었다. 그러자 중동 지역의 세력 판도에 파란이 일었다.

살라딘은 새롭고 개선된 군사 기술을 도입하기보다는 제멋대로인 많은 군사를 통일시키고 훈련시킴으로써 군사적 세력 균형을 자신에게 유리한 쪽으로 돌려놓는 데 성공했다.

이에 자신감을 얻은 살라딘은 분열된 아랍 세계를 통합하고 성지 예루살렘을 되찾기 위해 움직였다. 시리아, 알레포 등 메소포타미아 지역을 차례로 점령해 이슬람 세력을 평정한 살라딘은 전력을 결집해 예루살렘 탈환에 나섰다. 당시 예루살렘은 1099년 유럽의 십자군 원정대가 점령한 후 세운 예루살렘 왕국의 지배하에 있었다.

드디어 1187년 7월 4일 살라딘 군대는 예루살렘을 향해 진군했다. 살라딘은 예루살렘군을 유인하기 위해 티베리아스를 먼저 공격했다.

이에 예루살렘 십자군 2만 병력이 티베리아스로 향했다. 그러나 한여름 사막의 열기는 중무장한 기사단과 두꺼운 갑옷을 입은 보병들이 행군하기에는 최악의 조건이었다. 갈증이 극에 달했지만 식수를 구할 길이 없었다.

게다가 이슬람의 날랜 경기병대는 시시때때로 습격해 십자군을 지치게 만들었다. 하틴에 이르러 십자군의 전열이 무너지자 살라딘 군대는 이들을 포위 공격했다. 결국 살라딘은 지치고 갈증으로 괴로워하는 십자군을 함정에 빠뜨려 일격에 궤멸시켰다.

이 한 번의 전투에서 입은 십자군의 타격이 너무나도 컸다. 이 때문에 이슬람 군대는 신속하게 예루살렘 왕국의 거의 전 지역을 공략할 수 있었다. 3개월 만에 아크레 · 토론 · 베이루트 · 시돈 · 나자렛 · 카이사레아 · 나불루스 · 자파 · 아스칼론 등 기독교 도시들이 차례로 함락되었다.

그러나 살라딘의 더없는 위업이면서 동시에 십자군 운동 전체에 가장 심각한 타격을 준 것은 그해 10월 2일에 벌어진 전투였다. 이날 그리스도교도와 이슬람교도 모두에게 성지인 예루살렘은 88년 동안의 프랑크족에 의한 점령 통치를 끝내고 살라딘의 군대 앞에 항복했다.

하지만 예루살렘에 입성한 살라딘은 약탈과 파괴를 금지하고 기독교 포로들을 약간의 몸값만 받고 풀어 주면서 관용과 자비를 베풀었다. 그리스도교인들이 이 도시를 정복할 당시의 유혈이 낭자했던 주민에 대한 대학살과는 너무나도 대조적이었다.

1192년에는 십자군과 평화협정을 체결해 기독교인들이 예루살렘을 자유롭게 왕래하도록 하였다.

이후 예루살렘은 700여 년 간 이슬람의 지배를 받았다.

* 1187년 7월 4일 '이슬람의 살라딘, 하틴 전투에서 승리하다' 참조

1967년 10월 2일

미국의 첫 흑인 대법관 더굿 마셜 취임

"사람을 차별하지 않고 법을 집행할 것이며 부자든 가난한 사람이든 공평하게 대하겠습니다."

1967년 10월 2일 더굿 마셜(Thurgood Marshall : 1908~1993)은 미국 워싱턴의 연방 대법원에서 취임 선서를 하였다. 이로써 마셜은 미국 최

초의 흑인 대법관이 됐다.

더굿 마셜은 1908년 미국 볼티모어에서 태어났다. 그는 메릴랜드 대학교 로스쿨에 들어가길 원했으나 학교의 인종 분리 방침 때문에 입학을 거부당했다.

결국 그는 하워드 대학교 로스쿨을 졸업하고 인권 변호사의 길에 들어섰다. 특히 메릴랜드 대학교 로스쿨로부터 자신과 같은 이유로 입학을 거부당한 한 흑인 학생의 변호를 맡아 이 재판을 승리로 이끌었다.

이후 마셜은 1950년대와 1960년대 인권 변호사로 활약했다. 그리고 마침내 대통령 린든 존슨(Lyndon Baines Johnson : 1908~1973)은 은퇴하는 톰 클라크 대법관의 후임으로 마셜을 지명하였다.

그 후 마셜은 24년간 대법관으로 있으면서 인권 보호를 위해 노력했다. 특히 범죄자에게도 인권이 있음을 환기시켰으며 일관되게 사형 제도에 반대했다. 그리고 1991년 6월 건강 문제를 이유로 사임하였다.

미국 변호사 협회는 인권 증진에 헌신한 마셜의 업적을 기리기 위해 1992년 '더굿 마셜상賞'을 제정했다.

마셜은 1993년 85세를 일기로 심장병에 걸려 사망하였다.

1950년 10월 2일

미국의 만화가 찰스 슐츠, 만화 「피너츠」 연재 시작

찰스 슐츠(Charles Monroe Schulz : 1922~2000)는 미국 미네소타 주 세인트폴에서 이발사의 아들로 태어났다.

그는 1947년부터 지역 신문 「세인트폴 파이오니어 프레스」에 「릴 폭스」라는 만화를 연재하기 시작했다.

이후 슐츠는 꾸준히 더 큰 신문사와 잡지사의 문을 두드렸고 마침내 1950년 10월 2일 애완견 비글을 소재로 한 「피너츠」가 「워싱턴포스트」 「시카고 트리뷴」 등 7개 신문에 연재되기 시작하였다.

독자들은 귀여운 얼굴로 심오한 인생 고민을 논하는 어린이들의 모습에 열광하기 시작했다. 「피너츠」에 등장한 찰리 브라운과 스누피 등 많은 캐릭터들은 전 세계 팬들의 사랑을 받았다. 미국 우주 항공국NASA이 유인 우주선 아폴로 10호의 사령선 이름을 찰리 브라운, 달 착륙선은 스누피로 붙일 정도였다.

이후 「피너츠」는 75개국 2,600개 이상의 신문에 연재됐고 50편의 TV 만화 영화로도 제작됐다. 1,400여 종에 이르는 「피너츠」 만화도 매년 3억 부가량 판매됐다.

「피너츠」는 1999년 결장암에 걸린 슐츠의 은퇴 선언으로 종료되었다. 그리고 이듬해인 2000년 2월 12일 슐츠는 암 투병 끝에 사망하였다.

하지만 2012년 현재에도 「피너츠」는 다양한 캐릭터 상품으로 판매되면서 여전히 인기를 누리고 있다.

10월의
모든 역사

10월 3일

1990년 10월 3일

동독과 서독이 통일되다

"우리는 오늘의 자유가 있기 전에 얼마나 많은 사람들이 이 나라를 떠날 수 없었고 또 얼마나 많은 사람들이 감옥에 갇혀 있어야 했는 지를 가끔 잊고 지내는 것 같습니다."

-앙켈라 메르켈,「독일 통일 20주년 기념 연설」

독일의 분단은 제2차 세계 대전에서 패전한 독일을 연합군이 분할 관리한 데서 비롯되었다. 1949년 5월 23일 단일 경제 체제가 형성된 서부 지역을 중심으로 '독일 연방 공화국'이 탄생되었고, 그해 10월 7일에는 인민 회의에서 '독일 민주 공화국'이 수립되었다. 그 후 독일은 동서로 갈려 오랫동안 분단이 고착되는 듯했다.

서독의 경제는 눈부시게 발전한 반면 동독은 경제적으로 매우 불안정했다. 서독에 비해 발전이 늦은 동독의 경제 사정 때문에 서독의 국경을 넘는 동독인들의 수가 날로 증가하자 동독 정부는 1961년 8월 베를린에 장벽을 세웠다.

그러나 소련 미하일 고르바초프(Mikhail Sergeyevich Gorbachyev : 1931~)의 개혁 · 개방 정책의 영향을 받은 동독 국민들은 계속해서 서독으로 탈출하였다. 그리고 연일 벌어지는 반정부 시위는 동독 정부를 흔들어 댔다.

결국 분단 독일의 상징처럼 여겨지던 베를린 장벽은 1989년 11월 9일 민중의 힘에 의해 무너졌다. 그리고 베를린 장벽 붕괴 후 실시한 자유 총선거에서 서독 편입을 약속한 독일 연합이 승리하였다.

이에 동독 인민 회의는 서독 기본법 23조에 따라 동독의 서독 편입 일자를 결정하고 1990년 10월 3일 0시를 기해 분단 45년 만에 독일 통일을 이루었다.

통일의 순간에 옛 제국의회 건물 앞 공화국 광장에는 100만 명이 운집하였다. 그들이 폭죽을 쏘아대는 가운데 흑-적-황의 대형 독일 국기가 서서히 올라갔다. 그리고 "통일, 정의, 자유를 조국 통일에……"로 시작되는 독일 국가가 장엄하게 연주되었다. 군중들은 일제히 '도이칠란트'를 외쳐댔다. 그 순간, 독일 전역의 교회와 성당은 일제히 종을 울려 통일 독일의 탄생을 전 세계에 알렸다.

미국 · 영국 · 프랑스 · 소련 등 제2차 세계 대전 전승 4개국은 이 날짜를 기해 베를린을 포함한 독일에 대한 모든 권리를 공식적으로 포기, 기존의 관할권을 독일에 이양했다.

이후 통일을 주도한 헬무트 콜(Helmut Kohl : 1930~) 서독 총리는 12월 2일에 실시된 총선에서 승리하면서 초대 독일 총리가 됐다.

독일 통일은 단순히 게르만 민족의 통일 차원을 넘어서 유럽 내 독일의 위상은 물론, 기존의 국제 질서에도 엄청난 변혁을 몰고 왔다.

통일의 기쁨은 잠시 독일인 모두를 들뜨게 했지만, 새로운 문젯거리들의 시작이기도 했다. 동독 지역의 경제 재건과 정치적 과거 청산, 행정 · 사법 체계의 구축, 재산권 처리 문제 등은 통일 얼마 뒤부터 독일 전체를 뒤숭숭하게 만들었다.

더욱 근본적인 것은 문화적 감수성의 차이였다. 통일 직후의 한 여론 조사는 서독 지역의 독일인들이 동독 출신의 동포들에게보다 오히려 프랑스인들에게 더 동질감을 느낀다는 결과를 내놓아 충격을 주기도 하였다.

또한 독일인들은 서로를 '동쪽 것'(오시), '서쪽 것'(베시)이라고 경멸의 뉘앙스를 담아 부르는 관행이 생겨나기도 하였다.

2012년 현재도 통일 초기의 이질감은 말끔히 가셔지지 않았다.

* 1949년 5월 23일 '독일 연방 공화국 수립' 참조
* 1949년 10월 7일 '독일 민주 공화국 수립' 참조
* 1961년 8월 13일 '동독, 베를린을 동서로 나누다' 참조
* 1989년 11월 9일 '베를린 장벽이 붕괴되다' 참조

1993년 10월 3일

소말리아 모가디슈 전투 발발

1991년 소말리아 내의 군벌들 간에 권력 다툼이 원인이 되어 소말리아 내전이 발발하였다. 이 내전은 갈수록 심각해졌다.

이에 1992년 4월 국제 연합UN은 유엔 평화 활동PKO 요원을 파견하였다. 그리고 그해 12월 내전의 조기 종식과 물자 수송로의 확보를 위해 미국 중심의 다국적군을 파견하였다.

결국 1993년 10월 3일 소말리아 민병대 지도자 모하메드 파라 아이디드의 군대와 미군 사이에 모가디슈에서 전투가 벌어졌다.

미국은 육군의 델타 포스, 75레인저 연대와 해군의 네이비 씰, 공군의 160특수작전 항공 연대가 연합하여 작전을 펼쳤다. 그들은 아이디드 민병대의 지도자들을 잡기 위해 모가디슈의 변방을 공격하는 작전을 수행하였다.

하지만 작전 중 UH-60 블랙호크 2대가 민병대가 발사한 RPG-7에 격추되고 3대가 손상을 입었다. 병사들 중 일부는 부상당한 채로 귀환하였고, 나머지는 추락한 헬리콥터 조종사들을 구출하기 위해 추락 현장에 머물렀다.

다음 날인 10월 4일 이들을 구출하기 위해 다국적군이 임시 편성되어 모가디슈 시내로 투입되었다. 이 부대는 파키스탄군의 미국제 M-48과 말레이시아군의 병력 수송 장갑차인 콘도르 장갑차 100대로 구성되었다. 공중 엄호는 미국의 A/MH-6 리틀버드와 MH-60 블랙호크가 맡았다. 이 기동부대는 첫 번째 추락 현장에 도착해서 갇혀 있던 병사들을 구출했다.

하지만 이 전투로 인해 미군은 19명이 죽고 80명이 부상을 입었
다. 소말리아 측에서는 1,000~2,000명의 민병대와 민간인이 죽고,
3,000~4,000명이 부상을 입었다.

결국 미군은 이 사건을 계기로 소말리아에서 철수하였다. 2012년 현
재에도 소말리아에는 내전 상태가 지속되고 있다. 한편 이 사건은 영화
「블랙호크다운」으로도 제작되었다.

1932년 10월 3일

이라크 왕국 독립

오스만 제국의 지배 아래에 있던 이라크는 제1차 세계 대전 중 오스
만 제국을 밀어내고 들어온 영국에게 점령되어 위임 통치에 들어갔다.
하지만 이라크 민족의 격렬한 저항 운동으로 1932년 10월 3일 입헌군
주국인 이라크 왕국으로 독립하였다.

그럼에도 군사 정권으로 인한 내정 불안은 계속됐다. 그 후 제2차 세
계 대전 중에 1941년 다시 영국에게 점령되었다.

이후 이라크 왕국은 1930년대부터 세력을 잡은 보수 세력에 의해 친서
방 노선을 견지하였다.

이에 불만은 품은 아브드 알카림 카심(Abd al-Karim Qasim : 1914~1963)
소장을 중심으로 한 군부 세력은 1958년 7월에 쿠데타를 일으켜 국왕과
수상을 살해하고 이라크 왕정을 붕괴시켰다.

이로써 이라크 왕국은 붕괴되었고 이라크 공화국이 세워지게 되었다.

* 1958년 7월 14일 '이라크의 7 · 14 혁명이 일어나다' 참조

10월의
모든 역사

10월 4일

■
·
·
■

1957년 10월 4일

세계 첫 인공위성 스푸트니크 1호가 발사되다

스푸트니크는 러시아 말로 길동무를 뜻한다. 커다란 공 모양의 알루미늄 합금으로 만들어진 본체는 지름 58cm, 무게 83kg이었다. 228km~947km 상공에서 96.2분마다 지구 둘레를 한 바퀴씩 돌았다. 내부에는 측정기와 2대의 송신기를 갖추었고 외부에는 지상과의 신호 전달을 위한 4개의 안테나를 달고 있었다.

1957년 10월 4일, 미국 워싱턴의 소련 대사관에는 국제 지구 물리 관측년IGY을 기념하여 세계 여러 나라에서 모인 과학자들로 붐볐다. 냉전 시대 동서 양 진영의 과학자들이 한자리에 모이는 것은 쉽지 않은 일이었다. 많은 과학자들이 앞다퉈 소련의 로켓 기술에 관심을 보였다.

한 소련 과학자가 "우리는 조금 있으면 인공위성을 발사할 것입니다."라고 말했다. 누군가가 "도대체 그게 언제입니까?"라고 묻자 그 소련 과학자는 우쭐해 하면서 "일주일이나 한 달 정도면 가능할 겁니다."라고 대답했다.

주위 사람들은 그저 농담으로 생각하며 웃어넘기려 했다. 바로 그때, 취재하기 위해 와 있던 「뉴욕 타임스」 기자가 신문사로부터 연락을 받고 놀라서 외쳤다.

"아니, 그게 정말이었어!"

텔레비전에서는 긴급 속보로 안테나가 달린 공 모양의 인공위성이 지구 주위를 맴도는 애니메이션을 보여 줬다. 세계 최초이자 소련의 첫 번째 인공위성인 스푸트니크 1호가 이미 지구 주변을 맴돌고 있었던 것이다. 미국 NBC 방송국이 스푸트니크가 보내는 전파를 받아 TV와 라디오 중계방송을 하였다.

또한 위성을 눈으로 직접 볼 수 있다는 과학자들의 이야기에 사람들의 시선은 일제히 하늘로 향했다. 제2차 세계 대전이 끝난 후에 독일이 개발한 수십 대의 로켓과 뛰어난 로켓 과학자를 데려왔던 미국으로서는 자존심이 크게 상하였다.

소련은 계속해서 그해 11월 3일 라이카라는 이름의 개를 태운 무게

508kg에 달하는 스푸트니크 2호를 발사하여 우주 공간에서의 생명체 생존 가능성을 확인하였다. 스푸트니크 1호와 2호는 1958년 1월 4일과 14일 지구 대기권 상에서 불에 타 사라졌다.

이에 미국은 해군이 개발한 뱅가드Vangguard 로켓을 발사했지만 실패하고 다음 해 1월 31일에 첫 번째 인공위성 익스플로러Explorer 1호를 발사하는 데 성공하였다. 하지만 80kg을 넘는 스푸트니크 1호에 비해 익스플로러는 무게가 단지 8kg에 불과했기에 미국은 인공위성 발사 성공을 기뻐할 수 없었다.

미국과 소련의 로켓 개발 경쟁은 이렇듯 소련의 압도적인 승리로 시작했다. '스푸트니크 쇼크Sputnik Shock'라고 까지 불릴 정도로 미국이 받은 충격은 엄청나게 컸다.

미국은 소련에게 최첨단 과학 기술 분야에서 뒤처진 원인을 분석하여 이듬해부터 미국의 모든 초등학생에서부터 대학원생에 이르기까지 수학, 과학, 외국어 교육을 강화하기 위해 10억 달러를 투자하였다. 그리고 대통령 과학 기술 특별 보좌국과 항공 우주국NASA을 설립하여 소련을 따라잡는 데 박차를 가했다.

하지만 소련과의 기술 격차는 쉽게 좁혀지지 않아 1961년 세계 최초 우주 비행사의 명예 또한 소련에게 자리를 내주었다. 미국은 1969년에 아폴로 11호가 세계 최초로 달에 착륙하자 비로소 소련과의 우주 개발 경쟁에서 앞지를 수 있었다.

* 1957년 11월 3일 '유기견 라이카, 소련의 인공위성 스푸트니크 2호에 실려 외계를 여행하다' 참조
* 1958년 1월 31일 '미국 인공위성 제1호 익스플로러 발사' 참조

* 1958년 10월 1일 '미국 항공 우주국 발족' 참조
* 1961년 4월 12일 '소련, 첫 유인 우주선 보스토크 1호 발사' 참조
* 1969년 7월 20일 '미국의 아폴로 11호, 인류 최초로 달에 착륙하다' 참조

1991년 10월 4일

「환경 보호에 관한 남극 조약 의정서」 통과

남극 대륙은 지구 전체의 10%인 약 1,400만km²의 크기로, 전체 면적의 약 98%가 얼음으로 덮여 있다. 전 세계 얼음의 90%가 있고 그중 70%는 바닷물이 아닌 민물이다. 남극해의 면적은 3,400만km²로 지구 전체 바다의 10%를 차지한다.

1991년 10월 4일 남극 조약 협의 당사국은 스페인 마드리드에서 제11차 특별 회의를 열어 「환경 보호에 관한 남극 조약 의정서」를 채택하고 남극 환경 보호를 강화하였다. 마드리드 의정서라고도 한다.

남극 조약 협의 당사국은 1959년 남극 조약 체결 당시 27개국이었다. 조약 서명국인 12개 국가와 과학 기지 설치나 과학 탐사대 파견 등 실제 남극 연구 조사를 하는 국가를 포함했다.

그러나 1959년에 체결된 남극 조약에는 직접적인 남극 환경 보호 규정이 없었다. 조약 체결 당시 참가국들이 남극에 퍼져 있는 막대한 양의 자원에만 관심이 있었기 때문이었다.

그 후 여러 남극 관련 협약들이 남극의 환경 보호를 규정했지만 실효성이 부족했다.

　그래서 남극 환경 보호를 장기적이면서 포괄적으로 통제하기 위해 만들어진 것이 마드리드 의정서이다. 의정서의 기본 환경 원칙은 남극 지역 내에서 행해지는 모든 활동은 남극 환경 및 생태계 보호를 최우선으로 해야 한다는 것이다.

　또한 1998년 1월부터 50년간 남극에서의 모든 광물 개발 활동을 금지하고 특별 보호 구역을 설정하여 남극 내에서의 인간 활동을 규제하기로 하였다. 각 국가는 의정서 수행을 위해 관련법을 만들어야 하며 매년 의정서 규정에 따라 보고서를 작성해야 한다.

　* 1959년 12월 1일 '남극 조약 체결' 참조

―

1966년 10월 4일

아프리카 레소토 왕국 독립

―

　레소토 왕국의 옛 이름은 바수톨란드Basutoland로, 남아프리카 공화국에 둘러싸인 국토 대부분이 해발 2,000m 이상인 고산 국가이다.

　1868년 영국의 보호령이 되었고 케이프 식민지로 들어갔다가 1884년 직할보호령이 되어 남아프리카 고등판무관의 지배를 받았다.

　1959년에는 의회와 정당을 설립하였다. 그 후 총선거를 실시해 국명을 레소토 왕국으로 정하고 1966년 10월 4일에 독립하였다.

　하지만 이후에도 수차례 쿠데타가 일어나는 등 정치적 불안이 계속되고 있다. 또한 남아프리카 공화국에 둘러싸여 있어 경제적으로는 종속 상태에 있다.

10월의
모든 역사

10월 5일

■
∙
∙
∙
■

528년 10월 5일

중국 선종의 시조 달마가 입적하다

불립문자不立文字 문자로써 부처의 가르침을 전하지 아니하고

교외별전敎外別傳 말이나 문자가 아닌 마음과 마음으로 진리를 전하며

직지인심直指人心 헛된 것을 바라보지 말고 사람의 마음을 다스려

견성성불見性成佛 인간의 본성을 깨우치면 누구나 부처가 되리니

달마(達摩 : ?~528)의 본명은 보리다라였다가 나중에 보리달마Bodhi-dharma
로 바꾸었다. 보리菩提는 깨달음을 뜻하고 달마達摩는 법法을 의미한다.

중국 선종禪宗의 시조始祖로 알려진 달마에 대해 많은 이야기가 전해져
오고 있지만 많은 부분이 전설 같은 이야기로 이루어져 있다. 그 때문
에 달마가 실제로 존재하지 않은 사람이라는 주장도 있다.

일반적으로 달마는 남인도 향지국香至國의 왕자로 태어나 520년 무렵
중국 광저우廣州에 들어간 것으로 알려져 있다.

여러 후세 사람들이 그린 달마도達摩圖를 보면 부처님처럼 커다란 귀
에 귀걸이를 하고 있는 매부리코를 가진 사람이다. 부리부리한 큰 눈을
뜬 채 대머리에 덥수룩한 수염을 기르고 두건을 쓰고 있는 모습도 보인
다. 이런 달마의 생김새에 관련된 재미있는 이야기가 전해진다.

달마가 인도의 한 마을을 지나는 길에 어디선가 고약한 썩는 냄새가 났다.
악취가 나는 곳에 다가가 보니 큰 뱀의 시체가 썩고 있었다. 그 마을 사람들
이 냄새 때문에 고생할 것을 염려한 달마는 자신의 몸을 잠시 빠져나왔다.
그리고는 죽은 뱀 속으로 들어가 그 뱀의 시체를 움직여 바다에 내다 버렸
다. 되돌아온 달마는 자신의 몸을 찾았지만 어찌된 일인지 찾을 수가 없었
다. 알고 보니 생김새가 우락부락한 어떤 신선이 도술을 부려 자신의 몸뚱
이를 벗어 놓고 달마의 몸속으로 들어가 버린 것이었다.
달마는 별다른 거리낌 없이 그 무섭게 생긴 신선의 몸으로 들어갔다. 이
때문에 달마는 험상궂은 얼굴은 한 것이다.

달마는 중국으로 건너와 양梁나라 무제(武帝 : 464~549)를 만났다. 양
무제는 자신이 불교 전파에 힘쓴 공적을 자랑할 생각만 갖고 있었다.

"불교에서 가장 성스러운 진리는 무엇입니까?"

달마가 대답했다.

"아무것도 없습니다."

양 무제는 답답한 나머지 짜증을 내듯이 말했다.

"함부로 말하는 당신은 누구란 말이오?"

달마가 말했다.

"모르겠습니다."

달마는 자리를 털고 일어나 갈대 잎을 타고 양쯔강揚子江을 건너 위魏나라로 가 버렸다.

양무제는 당대의 고승高僧 지공(志公 : 418~514)에게 달마와 있었던 일을 이야기했다. 지공은 깜짝 놀라 말했다.

"전하! 그분이 누구인지 모르셨습니까?"

"모르겠소."

지공이 잠시 허공을 쳐다본 뒤 말했다.

"달마야말로 바로 부처님의 마음을 전하는 관음대사觀音大士이십니다."

양무제는 그제야 후회하며 신하를 보내 달마를 다시 모셔오고자 했다.

여기서 말하는 관觀은 세상을 굽어 살펴본다는 뜻이고 음音은 중생의 고통 소리이며 구원의 외침이니, 관음觀音이란 세상의 모든 고통스런 소리를 귀 기울여 듣는 자비로운 부처를 말한다.

하지만 달마의 마음을 되돌릴 수는 없었다. 지공이 만류하며 말했다.

"전하! 신하 몇 명을 보내는 것은 부질없는 일이옵니다. 온 백성을 다 보낸다 해도 그분은 돌아오지 않으십니다."

위나라에 도착한 달마는 숭산嵩山 소림사少林寺에 들어가 9년간 벽을 보고 수행을 하였다. 불교 경전에 쓰인 글귀만을 부여잡고 탁상공론하

고 있던 당시 중국 불교와는 다르게 달마는 스스로 수행하고 체험하는
모습을 보여 주었다.

면벽面壁 수행을 하던 어느 날 신광이라는 수행자가 찾아와 제자가 되
길 원했다. 달마가 아무 말도 없이 수행만을 계속하자 신광은 밤새도록
눈을 맞으면서 기다렸다.

다음 날 아침, 달마가 다가와 물었다.

"눈 속에서 무엇을 찾았는가?"

"부디 가르침을 주옵소서."

"부처님의 법은 그리 쉽게 얻을 수 있는 것이 아니다."

그 말을 들은 신광은 자신의 왼팔을 잘라 보였다. 달마는 이러한 신
광의 굳은 의지를 보고 그의 법명을 혜가慧可라 하고 첫 번째 제자로 삼
았다.

달마는 그 후 3명의 제자를 더 가르치고 다시 천축天竺으로 돌아가기
전에 혜가에게 말하였다.

"내가 본래 이 땅에 온 까닭은 부처님의 법을 널리 알려 여러 중생을 구하기
위함이니 꽃 한 송이에 다섯 잎이 생기면 열매는 자연히 생기리라."

달마는 혜가에게 『능가경楞伽經』 4권을 주면서 부처의 가르침으로 중
생들을 깨우칠 것을 당부하였다.

달마가 천축으로 돌아가던 중 달마의 명성과 공덕을 시기하는 자들
이 다섯 번이나 음식에 독약을 넣어 죽이려 하였다. 달마는 매번 음식
을 토해 내어 무사했지만 여섯 번째는 이미 불법을 이 땅에 전했으니
돌아갈 때가 왔다며 그대로 삼켰다. 달마는 앉은 채로 입적하였다. 528

년 10월 5일의 일이었다.

제자들이 스승의 부음을 듣고 달려와 장사 지내고 탑을 세웠다. 그런데 그로부터 3년이 지나서 송운이란 사람이 서역에 사신으로 갔다 돌아오는 길에 달마를 만났다.

송운이 물었다.

"스님께선 어디로 가십니까?"

달마가 대답했다.

"내 고향 서역으로 가는 길이오. 그대의 황제께선 이미 세상을 떠났소이다."

달마는 짚신 한 짝을 지팡이에 매단 채 다시 서쪽으로 발걸음을 재촉했다.

송운이 위나라에 돌아와 보니 달마의 말대로 효장제(孝莊帝 : 507~530)가 즉위해 있었다. 송운은 오던 길에 달마를 만난 일을 아뢰었다. 황제는 의구심이 생겨 달마의 묘지를 파 보라고 하였다. 관 안에는 뜻밖에도 시신은 간 데 없고 짚신 한 짝만이 덩그러니 남아 있었다.

효장제는 송운의 말을 못 믿어 관을 열어 본 것을 후회하고 제사를 올려 사죄를 하였다. 다음 날 효장제는 달마가 남긴 짚신 한 짝을 소림사로 옮겨 모셔 놓고 여러 사람들에게 참배하도록 하였다.

___

1958년 10월 5일

프랑스 제5공화국 출범

___

제2차 세계 대전 후에 출범한 프랑스 제4공화국은 정당 난립으로 인한 국정 혼란과 장기화된 인플레이션, 알제리와 인도차이나 등 식민지 독립 문제로 대내외적으로 위기에 빠졌다.

결국 1958년 5월에 있었던 알제리 반란 사건을 계기로 국난 해결을 위해 샤를르 드 골(Charles Andr Marie Joseph De Gaulle : 1890~1970)이 총리에 올랐다. 그리고 9월 28일 헌법 개정안에 대해 국민 투표를 실시하여 통과시켰다.

그해 10월 4일에는 의회의 권한을 축소하고 대통령의 권한을 강화한 이른바 「드 골 헌법」을 제정하였다.

이로써 이튿날인 10월 5일부터 프랑스 제5공화국이 출범하였다.

드 골은 이듬해인 1959년 1월에 대통령으로 취임하였다.

* 1958년 9월 28일 '프랑스, 국민 투표로 제5공화국 헌법을 승인하다' 참조
* 1959년 1월 8일 '프랑스 드 골 대통령 취임' 참조

1947년 10월 5일

국제 공산당 정보기관, 코민포름 창설

1943년 6월에 코민테른이 해체된 후 국제 공산주의 운동은 국제기관을 가지고 있지 않았다.

하지만 제2차 세계 대전 후 미국은 마셜 플랜 등을 통하여 반反소련 · 반공 정책을 강화하였다. 이에 대응하기 위하여 소련은 폴란드 · 체코슬로바키아 · 헝가리 · 루마니아 · 불가리아 · 유고슬라비아 · 프랑스 · 이탈리아 등 8개국의 공산당 · 노동자당 대표와 함께 폴란드 바르

샤바에서 1947년 10월 5일 코민포름을 창설하였다. 정식 명칭은 '공산당 · 노동자당 정보국'이다.

본부는 유고슬라비아의 베오그라드에 두었다가 1948년 유고슬라비아가 제명된 후에는 루마니아의 부쿠레슈티로 옮겼다.

하지만 코민포름은 '정보 · 경험의 교류와 활동의 조정'을 목적으로 하는 지역 조직에 지나지 않았기 때문에 설립 이후 소련 공산당 중심의 국제 공산주의 지도 기관으로 전락하였다.

결국 그와 같은 활동 방법과 조직 형태는 공산주의 운동의 발전을 저해한다는 이유로 코민포름은 1956년 4월에 해체되었다.

* 1943년 6월 10일 '코민테른 해산' 참조
* 1956년 4월 17일 '국제 공산당 정보기관, 코민포름 해산' 참조

10월의
모든 역사

10월 6일

1973년 10월 6일

이스라엘과 아랍 간의 제4차 중동 전쟁이 시작되다

-1967년 레바논 신문 「알 자리다」 만평

아랍 국가들의 지원을 받는 나세르가 이스라엘을 아카바 만으로 걷어차고 있다.

라마단Ramadan은 천사 가브리엘이 무함마드(Muhammad : 570~632)에게 『코란』을 가르친 신성한 달이다. 이슬람인은 한 달간의 라마단 기간 동안 금식 · 금주 · 금욕을 통해 몸과 마음을 경건히 하고 『코란』을 읽어야 한다. 또한 욤 키푸르Yom Kippur는 유대인의 속죄일로서 모든 노동을 잠시 내려놓고 잘못을 회개하며 하나님께 용서를 구하는 날이다.

그러나 이 두 성스러운 날에도 이스라엘과 아랍 국가 간의 전쟁은 멈추지 않았다. 1973년 10월 6일 오후, 아랍 제국의 미사일 세례를 받은 이스라엘의 요새에서 시커먼 연기가 피어올랐다. 유태인들에게 가장 엄숙한 대속죄일인 욤 키푸르에 또다시 중동 전쟁이 일어난 것이다. 그래서 제4차 중동 전쟁을 '욤 키푸르 전쟁' '라마단 전쟁' '10월 전쟁'이라고 부르고 있다.

제4차 중동 전쟁의 첫째 목표는 이집트와 시리아가 이스라엘에게 빼앗긴 시나이 반도와 골란 고원을 되찾는 것이었다.

라마단 기간이었지만 알제리를 비롯한 9개 아랍 국가가 지원군을 보내 이집트 · 시리아군과 함께 이스라엘을 몰아붙였다. 시리아군은 이라크 · 요르단의 지원을 받아 이스라엘이 내려다보이는 골란 고원을 공격하고 팔레스타인 민병대는 이스라엘 점령 지역에서 게릴라식 공격을 펼쳤다.

사우디아라비아 등 산유국들은 20억 달러가 넘는 경제 지원을 해 주는 한편 석유를 무기로 삼아 이스라엘의 우방인 미국과 유럽 국가에게 큰 타격을 주었다. 이른바 원유 생산량을 줄이고 원유 가격을 인상하여 세계를 꽁꽁 얼려 버린 제1차 석유 파동의 시작이었다.

이에 이스라엘은 예비군 전면 동원령을 내리고 미국에 도움을 요청하였다. 미국은 전쟁 시작 5일 만에 최신식 무기와 군사비 1억 3,000만 달러를 지원하였다.

10월 10일, 전쟁 시작 6일 만에 이스라엘은 반격을 개시하여 먼저 골란 고원에서 시리아 전차 500대를 부수고 기세를 몰아 시리아로 돌진했다. 곧이어 계속해서 밀리고 있던 시나이 반도로 주력 부대를 투입하였다. 결국 이집트는 200여 대의 전차를 잃고 후퇴해야만 했다.

10월 15일에는 이스라엘군이 은밀히 수에즈 운하를 건너 이집트군의 후방을 기습하고 이집트 주력 부대를 포위해 버렸다. 궁지에 몰린 이집트와 시리아가 전쟁 중단을 외쳤지만 이스라엘은 포위망을 조이며 계속 전진했다.

10월 25일 국제 연합UN은 군대 파견을 결정하였고, 10월 28일에 UN 군대가 수에즈 운하에 투입되어 제4차 중동전의 포성은 멈추었다.

* 1948년 5월 15일 '이스라엘과 아랍 간의 제1차 중동 전쟁이 시작되다' 참조
* 1956년 10월 29일 '이스라엘과 아랍 간의 제2차 중동 전쟁이 시작되다' 참조
* 1967년 6월 5일 '이스라엘과 아랍 간의 제3차 중동 전쟁이 시작되다' 참조

—

1976년 10월 6일

중국 문화 대혁명의 주동자 사인방 체포

—

1966년 5월에 시작된 중국 문화 대혁명의 어둠이 10년 만에 걷히기 시작하였다. 1976년 4월 저우언라이(周恩來 : 1898~1976) 총리를 추도하기 위해 톈안먼天安門 광장에 모인 군중들은 막강한 권력을 휘둘러 중국을 혼란에 빠뜨린 장칭(江靑 : 1914~1991)·왕훙원(王洪

文 : 1935~1992) · 장춘차오(張春橋 : 1917~2005) · 야오원위안(姚文元 : 1931~2005) 등 사인방四人幇의 처벌을 외쳤다.

하지만 그해 9월 마오쩌둥(毛澤東 : 1893~1976)이 세상을 떠나자 오히려 이들 사인방은 전면적으로 마오쩌둥의 권력을 계승하려고 하였다. 그들은 장칭을 중국 공산당 중앙위원회 주석으로, 왕훙원을 전국인민대표대회 위원장으로, 장춘차오를 국무원 총리로 임명하려고 준비하다가 기밀이 사전에 누설되었다.

결국 10월 6일 총리에 오른 화궈펑(華國鋒 : 1921~2008)은 정권을 빼앗고자 음모를 꾸민 사인방과 추종 세력 30여명을 체포하였다. 그리고 중국 공산당 정치국 회의를 통하여 이들을 반당 집단으로 결정하였으며 그 죄상을 발표하였다.

주요 죄상은 마오쩌둥의 지시를 자의로 수정하였고, 총리 저우언라이를 모함하였으며, 당 중앙 위원회를 장악하여 프롤레타리아 독재를 뒤엎고 자본주의를 재생시키려 하였다는 것이다.

1980년 11월부터 이들에 대한 공개 재판이 시작되어 장칭 · 장춘차오에게는 사형을, 야오원위안에게는 20년 징역, 왕훙원에게는 무기징역을 각각 선고하였다.

* 1966년 5월 16일 '중국, 문화 대혁명이 시작되다' 참조

* 1976년 4월 5일 '중국, 제1차 천안문 사태가 일어나다' 참조

* 1989년 6월 4일 '중국, 제2차 천안문 사태가 일어나다' 참조

* 1991년 5월 14일 '중국 문화 대혁명의 주동자, 장칭 자살' 참조

1988년 10월 6일

칠레 대통령 피노체트 사임 거부

1973년 9월 아우구스토 피노체트(Augusto José Ramón Pinochet Ugarte : 1915~2006)는 미국의 지원을 받아 쿠데타를 일으켜 살바도르 아옌데 (Salvador Isabelino Allende Gossens : 1908~1973) 대통령을 암살하였다. 이로써 칠레 최초의 민주 정부가 무너졌다.

이후 피노체트는 17년 동안 칠레를 독재 집권하면서 지속적으로 경제 불안을 가중시켰고, 그가 물러나길 열망한 칠레 민주화 세력을 3,000여 명이나 희생시켰다.

그리고 피노체트는 1988년 10월 6월에 실시한 대통령 집권 연장 찬반 투표에서 패배하였지만 사임을 거부하였다. 국내 혼란이 계속됐고 결국 이듬해인 1989년 12월 대통령 선거에서 파트리시오 아일윈 (Patricio Aylwin : 1918~)에게 패하자 자리에서 물러났다.

그 후 1998년 10월 신병 치료를 위해 머물던 런던에서 영국 사법 당국에 의하여 체포되었으나 2000년 3월 건강을 이유로 석방된 뒤 칠레로 귀국하였다.

귀국 후에는 가택 연금 상태에서 인권 유린 등의 혐의로 300여 건의 기소를 당하였다. 하지만 형사처분을 받기 전인 2006년 12월에 사망하였다

* 1973년 9월 11일 '칠레의 대통령 살바도르 아옌데 피살' 참조

1981년 10월 6일

이집트 대통령 사다트 피살

1981년 10월 6일 이집트의 무하마드 안와르 사다트(Muhammad Anwar Sadat : 1918~ 1981) 대통령이 '10월 전쟁' 기념행사 도중 이슬람 극단주의 소속 암살범에게 피살됐다.

사다트는 제4차 중동 전쟁을 일으킨 당사자였지만 1978년 9월에 아랍 국가 최초로 이스라엘의 메나헴 베긴(Menachem Wolfovitch Begin : 1913~1992) 총리와 평화 협정을 맺었다.

현실적인 온건 노선을 취하여 이스라엘의 존재를 인정하고 시나이 반도를 되찾는 조건이었다.

하지만 이슬람 세력은 사다트의 결정에 분노하여 일제히 그에게 등을 돌렸다.

이후 이집트에서는 사다트의 뒤를 이어 그해 11월부터 무하마드 호스니 무바라크(Muhammad Hosni Said Mubarak : 1928~)가 대통령으로 취임하였다.

* 1973년 10월 6일 '이스라엘과 아랍 간의 제4차 중동 전쟁이 시작되다' 참조
* 1978년 9월 17일 '이집트와 이스라엘, 캠프 데이비드 협정 체결' 참조

1927년 10월 6일

세계 최초의 유성 영화 「재즈싱어」 상영

1927년 10월 6일 미국의 워너브라더스Warner Brothers 영화사가 제작한 앨런 크로스랜드(Alan Crosland : 1894~1936) 감독, 앨 졸슨(Al Jolson : 1886~1950) 주연의 세계 최초 유성 영화 「재즈싱어」가 상영됐다.

배우들의 연기와 함께 짧은 대사와 음악 소리가 흘러나온 첫 번째 영화였다. 하지만 주인공이 노래를 하거나 짤막한 대사를 한 것은 오직 네 장면뿐이었다.

영화는 한 유대인 청년이 흑인으로 분장해 재즈 가수가 되자 그 일을 반대하는 부모님과 다투고 화해하는 내용이었다.

이듬해인 1928년 7월에는 세계 최초의 장편 유성 영화 「뉴욕의 불빛 Lights of New York」이 상영되었다.

* 1928년 7월 6일 '세계 최초의 장편 유성 영화 「뉴욕의 불빛」 상영' 참조

10월의
모든 역사

10월 7일

1571년 10월 7일

신성동맹 함대,
레판토 해전에서 투르크 함대를 격파하다

레판토 해전에서 무적의 이슬람 세력을 물리친 가톨릭 세력은 자부심과 함께 힘을 키워 갔다. 패배한 투르크 왕은 자신의 수염을 불에 그슬린 정도라며 패배를 부정했지만 더 이상 지중해에서 힘을 쓰지 못했다.

1570년 8월 지중해에서 투르크 제국이 베네치아의 키프로스 섬을 빼앗았다. 베네치아로서는 무적을 자랑하는 투르크에게 홀로 맞설 힘이 없었다. 이에 베네치아는 이슬람 세력이 가톨릭 세계를 침략했다고 설득하면서 주변 가톨릭 국가를 끌어들이려고 하였다.

베네치아는 교황청에게 도움을 청하고 교황청은 다시 스페인의 참가를 요청했다. 스페인 국왕 펠리프 2세(Felipe Ⅱ : 1527~1598)는 투르크와 베네치아의 세력 다툼에 끼여 들고 싶지 않았지만 가톨릭 국가의 맹주盟主라고 자처했기에 교황의 요청을 수락하였다.

이로써 투르크에 맞서기 위한 베네치아, 로마 교황청, 스페인의 '신성동맹神聖同盟' 함대가 만들어졌다.

그리고 이듬해인 1571년 10월 7일, 그리스 근처 레판토에서 투르크 함대와 신성동맹 함대의 역사적인 결전이 벌어졌다.

알리 파샤(Ali Pasha : 1741~1822)가 이끄는 투르크 함대 병력은 갤리선 210척과 갈레온 40척 등이었고, 돈 후안 데 아우스트리아(Don Juan de Austria : 1547~1578)가 지휘한 신성동맹 함대는 갤리선 208척, 갈레아스 6척, 갈레온 26척 등 300여 척으로 구성되었다.

갤리선 전투에 자신 있었던 투르크 함대는 갈레아스를 앞세운 동맹 함대의 대포 공격에 깜짝 놀랐다. 당시 해상 전투는 갤리선Galley이 대부분으로, 적선과 부딪친 후 군사들이 배에 올라 적군의 배를 빼앗는 형식이었다.

갤리선은 고대 로마 시대부터 사용했던 배로, 여러 사람이 수십 개의 노를 저어 나아가며 크기에 따라 한 사람이 노 한 개를 젓거나 여러 사람이 한 개의 커다란 노를 저어야 했다.

동맹 함대와 투르크 함대 간에 벌어진 해상 전투인 레판토 해전은 역사상 갤리선을 이용한 마지막 해전이었다.

레판토 해전에 갤리선을 개량하여 등장한 전선이 갈레아스Galliass선이었다. 갤리선을 대형화하여 갤리선보다 배의 높이를 높여 적군이 배 위로 오르지 못하게 하고 대포를 실어 먼 거리에서 적군을 공격할 수 있었다. 대포를 실을수록 배의 무게도 같이 늘어나 노 젓는 사람을 많이 태워야 했기에 배가 커져서 움직임에 한계가 있었다.

이런 단점을 없애기 위해 무역 거래에 쓰이는 상선商船을 개량한 전투선 갈레온Galleon이 등장했다. 상선보다 돛을 크게 하고 배를 좁고 길게 만들어 기동력을 높이고 배 양쪽에 많은 대포를 배치하여 적군을 공격할 수 있었다.

동맹 함대 군사들은 종교의 명예를 걸고 죽도록 싸웠다. 동맹 함대가 알리 파샤를 처치하자 투르크 병사들은 싸울 의욕을 잃어버렸다. 결국 동맹 함대는 투르크 함대를 격파하였다.

이 해전에서 투르크의 전사자는 3만 명이었고 동맹 함대의 전사자는 1만 5,000명에 이르렀다. 동맹 함대의 승리로 투르크 함대에서 노예가 되어 강제로 노를 젓던 가톨릭교도 1만 5,000명은 자유의 몸이 되었다. 소설 『돈 키호테』의 작가 미겔 데 세르반테스(Miguel de Cervantes Saavedra : 1547~1616)도 레판토 해전에 참전했다가 큰 부상을 입어 왼쪽 팔이 불구가 되었다.

레판토 해전의 승리로 스페인은 이후 10여 년간 무적함대의 명성을 떨칠 수 있었다.

* 1588년 5월 30일 '스페인 무적함대의 마지막 배가 영국 해협을 향해 출항하다' 참조

* 1588년 7월 21일 '스페인 무적함대, 영국 함대와 해전을 벌이다' 참조

1949년 10월 7일

독일 민주 공화국 수립

1949년 5월 23일에 미국 · 영국 · 프랑스가 점령하고 있던 서독에 독일 연방 공화국이 세워졌다. 이에 소련은 전 독일을 자신의 영향권 아래에 두고자 하는 정책이 실패하자 사회주의 통일당에 자체적으로 독일 국가를 수립하도록 허용하였다.

그리고 5월 29일에 개최된 제3차 인민 회의에서 독일 민주 공화국의 수립에 대한 찬 · 반 투표가 진행되었다. 그 결과, 66.1%의 찬성과 33.9%의 반대가 나왔다. 결국 독일 사회주의 통일당은 10월 7일 독일 민주 공화국을 수립하였다. 이로써 이때부터 정체성이 전혀 다른 두 개의 독일이 공존하게 되었다.

동 · 서독은 단순히 물리적인 장벽뿐만 아니라, 경제적으로도 국가 통제의 사회주의 경제 체제와 시장 원리가 지배하는 자본주의 경제 체제가 직접적으로 비교되는 전시장이 되었다.

동독 정부는 자신들이야말로 독일사의 정통성을 계승하는 국가 체제라고 주장하면서 서독은 분리주의 세력의 집단이라고 비난하였다.

동독은 독립 국가로서의 위상을 확립하기 위하여 국제 사회에서 외교 관계를 수립하는 데에 적극적인 노력을 기울였다. 그럼에도 불구하고 경제력이 뒤지는 동독을 서독이 지원하는 형태가 유지되었다.

결국 1990년 10월 3일 독일이 통일되면서 동 · 서독 분단의 역사를

마감하였다.

* 1949년 5월 23일 '독일 연방 공화국 수립' 참조
* 1990년 10월 3일 '동독과 서독이 통일되다' 참조

1913년 10월 7일

미국 포드 자동차, 컨베이어 시스템 전면 도입

1913년 10월 7일, 미국 포드 자동차 회사의 창립자 헨리 포드(Henry Ford : 1863~1947)는 컨베이어 시스템을 자동차 생산에 전면적으로 도입하여 대량 생산 시대를 열었다.

이에 앞서 그해 4월에 포드는 미시간 주 하일랜드 파크의 포드 자동차 공장에서 컨베이어 시스템을 이용해 자동차 '모델 T'를 처음으로 생산한 바가 있었다.

포드는 노동자들이 컨베이어 벨트 양옆에 서서 벨트 위에서 이동하는 자동차에 부속품을 끼워 넣도록 하였다. 불과 세 시간 만에 차 1대를 만들 정도로 생산량이 증가하여 1914년 한 해 동안만 26만 여 대의 자동차를 만들어 냈다.

하지만 컨베이어 시스템은 극도의 기계화에 의한 작업의 단순화로 단순 노동을 증가시켜 인간을 기계의 일부로 만들었다는 비난의 소리도 들었다.

* 1913년 4월 1일 '미국 포드 자동차, 컨베이어 시스템 도입한 포드 '모델 T' 생산' 참조

10월의
모든 역사

10월 8일

—

1856년 10월 8일

애로호 사건이 발생하다

—

- 애로호 사건을 그린 모습

1840년 6월 영국은 청나라를 상대로 아편 전쟁을 일으켜 승리하였다. 그 결과, 1842년 8월에 난징南京 조약을 체결할 수 있었다.

이를 통해 영국은 5항의 개항, 배상금 2,100만 달러 지불, 공행 폐지, 관세 협정, 홍콩 할양 등을 얻어냈다. 그리고 이를 계기로 영국은 중국과의 무역 확대를 꾀하였다. 하지만 청나라 정부는 비협조로 일관하였다.

그러다가 1856년 10월 8일 영국 국기를 게양한 상선商船 애로Arrow호에 청나라의 관헌이 들이닥쳐 청나라 선원들을 체포하는 사건이 발생하였다. 그 과정에서 영국 국기가 끌어내려졌다.

영국 영사관은 이 기회를 놓치지 않고 "애로호 선원들을 체포한 것은 난징 조약 위반이며 영국 국기를 끌어내린 것은 영국에 대한 모독이다. 선원들을 석방하고 보상과 사과를 하라."고 요구하였다.

하지만 청나라는 이를 거부하였다. 당시 애로호는 영국의 선박 허가 기간이 지났고 영국 국기를 6일 이상 걸지 않은 채 항해하여 해적 · 밀수 행위가 의심스러웠기 때문이다.

그러자 영국은 광저우 교외 시가에 불을 질렀다. 그리고 영국은 청나라가 태평천국에 시달리는 것을 기화로 재차 무력으로 압력을 가했다. 공사公使의 베이징 주재권, 창강의 개방, 상인의 청나라 내지內地 여행권 등을 중심으로 한 난징 조약 개정을 요구한 것이다.

하지만 영국 본국에서는 광저우 방화 사건에 대한 정당성 여부를 둘러싸고 의회에서 논란이 일었다. 내각은 총사퇴하였으나 여당이 선거에서 다시 승리를 거두자 영국은 프랑스의 나폴레옹 3세(Napoléon : 1808~1873)를 부추겼다. 당시 광서廣西에서 프랑스 선교사가 살해된 사건이 빌미였다.

나폴레옹 3세는 이를 구실로 영국 · 프랑스 양국 군대의 청나라 파병

을 단행하였고 연합군은 1858년에 톈진天津을 점령하였다. 그리고 톈진
조약을 체결하였다. 외교관의 베이징 주재와 청나라 여행 및 무역의 자
유 보장, 기독교 포교의 자유와 선교사 보호, 10개 항구 개방 등이 주요
내용이었다.

또한 1860년 10월에 영국은 애로호 사건을 빌미로 프랑스와 함께 청
나라를 몰아붙여 베이징을 점령하고 베이징 조약을 강제로 체결하게
하였다. 그리고 기존 요구 사항 및 기독교의 청나라 내륙 포교권을 획
득하였다.

* 1840년 6월 16일 '청나라와 영국, 아편 전쟁을 일으키다' 참조
* 1842년 8월 29일 '영국, 청나라와 난징 조약 체결' 참조

—

1962년 10월 8일

독일 슈피겔 사건 발생

—

슈피겔은 거울이라는 뜻이다. 있는 그대로 한 치의 일그러짐 없이 보도하
겠다는 의지가 이름에 담겨 있다. 잡지는 독특한 문체, 탐사 보도의 깊이,
날카로운 분석과 통찰력으로 정평이 나 있다. 그중에서도 가장 돋보이는
것은 권력에 대한 끝없는 비판 정신이다.

1962년 10월 8일 월요일에 발간된 독일의 시사 주간지 『슈피겔』에는
'팔렉스 62Fallex 62'라는 나토 군사 훈련 내용을 분석한 22쪽 분량의 기사
가 실렸다.

슈피겔은 팔렉스 62 훈련이 사실은 '소련이 독일에 핵폭탄을 투하할 경우 서독에게 어떠한 피해가 나타나는지를 시험하기 위한 것'이라고 폭로하였다.

잡지가 나온 지 18일째인 10월 26일, 밤 슈피겔 편집국에 수십 명의 경찰이 들이닥쳤다. 이들은 잡지 발행인인 루돌프 아우크슈타인 (Rudolph Karl Augstein : 1923~2002) 등 5명의 기자를 체포하고 수천 건의 서류를 압수했다. 죄목은 '국가 기밀 누설죄'였다. 당시 분단 국가였던 서독의 군사 기밀을 공개했다는 것이다.

몇 해 전부터 슈피겔과 정부의 관계는 썩 좋지 않았다. 슈피겔이 관리들의 뇌물 스캔들을 잇달아 폭로했기 때문이다. 눈엣가시를 뽑아낼 좋은 기회로 판단했던 정부는 이 기사를 핑계거리 삼아 복수하였던 것이다.

하지만 아무도 예상하지 못했던 일이 일어났다. 위대한 저널리스트로 이름을 날리던 아우크슈타인이 투옥되자 수천 명의 시민이 거리로 몰려나와 시위를 벌였다. 이른바 '슈피겔 사건'이 발생한 것이었다. 1962년 10월 8일의 일이었다.

독일 국민들에게 슈피겔 사건은 언론의 자유에 대한 공권력의 부당한 폭거로 받아들여졌다. 나라 밖에서도 언론 탄압에 대한 비판이 쏟아졌다.

결국 아우크슈타인은 투옥된 지 103일 만에 석방되었다. 오히려 사건을 주도했던 콘라트 아데나워(Konrad Adenauer : 1876~1967) 총리가 임기 2년을 남긴 채 사퇴했고 프란츠 슈트라우스(Franz Josef Strauss : 1915~1988) 국방장관도 물러났다.

'슈피겔 사건'은 당시 독일이 과거 제국주의 시대에서 비롯된 권위주의 국가의 탈을 벗는 데 결정적인 기여를 했다는 평가를 받고 있다.

—

1900년 10월 8일

중국의 혁명가 쑨원, 제2차 봉기

—

1894년에 쑨원(孫文 : 1866~1925)은 중국을 부흥시키자는 의미의 결사 단체 흥중회興中會를 만들었다. 그리고 미국 화교들의 지원을 받아 1895년 10월 광저우에서 제1차 봉기를 계획하였다.

하지만 봉기는 가담자의 밀고로 허무하게 무산되고, 쑨원은 생명을 부지하기 위해 일본으로 탈출하였다.

그 후 쑨원은 일본과 유럽 등지에서 망명하면서 삼민주의를 착상, 이를 제창했다. 1897년에는 다시 일본으로 돌아와 일본 우익들의 도움을 받으며 망명 생활을 하였는데, 이 시기에 쑨원은 나카야마 쇼우라는 가명을 쓰며 다시 혁명 세력을 결집하였다.

그리고 1900년 10월 8일, 의화단 운동과 서구 열강들의 침략으로 혼란 중이었던 틈을 이용해 쑨원은 흥중회 회원 600여 명과 함께 광둥성廣東省 혜주에서 제2차로 무장 봉기하였다.

혁명군은 2만여 명까지 늘어났고 반년이 넘는 기간의 전투를 거치며 기세가 높아갔다. 그러나 일본에서 무기 공급이 중단되고 비용 조달에도 문제가 있어 혁명군은 해체되었다.

이후 쑨원은 일본, 하와이, 베트남, 미국 등지에서 화교와 유학생들을 대상으로 혁명 사상을 전파하였다.

1905년 8월에는 필리핀, 독일, 프랑스 등의 유학생들을 규합하여 홍중회, 화흥회 등의 단체를 기반으로 중국 혁명 동맹회라는 새로운 혁명 단체를 조직하고, 반청 혁명 운동을 전개하였다.

* 1925년 3월 12일 '중국 근대 혁명의 아버지 쑨원 사망하다' 참조

1906년 10월 8일

기계를 사용한 파마 시작

영국 런던의 한 미용실에서 열을 이용한 기계를 도입하여 파마 Permanent wave를 시작하였다. 1906년 10월 8일의 일이었다.

독일계 미용사 네슬러가 고안한 파마 기계는 크기가 굉장히 크고 파마 완성까지 여러 과정을 거쳐야만 했다. 파마를 하는 손님은 머리 위에 무게 1.4kg의 금속제 핀을 12개 이상 꽂고서 6시간 이상 앉아 있어야만 했다.

오랜 시간을 참고 비싼 비용을 치러야 했지만 아름다운 머리를 가지려는 여자들이 앞다퉈 몰려왔다.

이후 파마는 전 세계 여성들의 사랑을 받는 머리 스타일로 각광을 받았다.

10월의
모든 역사

10월 9일

1997년 10월 9일

이탈리아 극작가 다리오 포,
노벨 문학상 수상자로 결정되다

"우리는 거짓말쟁이들로 가득 찬 세상에서 살고 있다. 예를 들면 블레어는 거짓된 정보를 이용해 전쟁을 일으켰다. 과거 50년 동안의 세계를 한번 살펴보라. 그들이 하는 일이라곤 우리를 겁주고 테러의 위협을 과장하는 것뿐이다. 사태의 진실은 석유였다."

- 다리오 포

이탈리아의 극작가 겸 배우인 다리오 포(Dario Fo : 1926~)는 풍자와 해학이 가득한 11권의 희곡 작품집을 출판했으며 250여 편의 연극 연출을 하였다. 1997년 10월 9일에 노벨 문학상 수상자로 발표된 직후에 포는 다음과 같이 말했다.

"어떤 이는 만일 내가 노벨상을 받는다면 그것은 노벨상의 최후가 될 거라고 혹평을 했어요. 오늘은 그들을 마음껏 비웃어 줄 수 있겠군요."

이탈리아 역사상 여섯 번째 노벨 문학상 수상자이며 극작가로서는 사무엘 베케트(Samuel Barclay Beckett : 1906~1989) 이후 두 번째 수상자였다.

다리오 포는 1926년 이탈리아 롬바르디아 주 바레세현의 작은 마을 산지아노에서 태어났다. 그는 대학을 졸업한 후에 소극장용 시사 풍자극을 만들었다. 그리고 여배우이며 유랑극단 단장의 딸인 프랑카 라메와 결혼하였다.

1959년 부인과 함께 '다리오 포-프랑카 라메 극단'을 만들어 TV 프로그램에서 풍자극을 하였다. 하지만 정치 풍자를 했다는 이유로 그만두게 되었다. 1968년에는 이탈리아 공산당과 연합하여 연극 단체를 설립하고 대중들을 찾아 순회공연을 다니기 시작하였다.

포는 16~18세기 유럽 전역에 유행한 민중 가면극 '코메디아 델아르테Commedia Dell'arte'의 전통을 잇는 대표적인 인물로 손꼽히고 있다. 그는 풍자와 해학으로 중세 시대의 광대를 흉내 내어 권력자들을 비웃으며 억압받는 이들을 위로하였다.

그의 풍자 대상은 이탈리아 정부, 경찰, 검열관 심지어 바티칸의 교황청까지 다양하였다. 그래서 교황청에서는 그의 노벨상 수상 소식에 불만을 나타내기도 하였다.

「두 개의 뇌를 가진 이상한 사람」에서 현직 이탈리아 총리와 정부 여당을 풍자하자 이에 발끈한 여당 의원에게 명예 훼손 혐의로 고소를 당하기도 하였다.

그의 작품은 배우들의 즉흥 연기와 관객의 극 참여를 이끄는 면이 많으며 풍자성을 높이기 위해 사투리와 의성어가 많아 번역하기 어려운 것들이 많다.

대표작으로 「안 내놔! 못 내놔!」「어느 무정부주의자의 우연한 죽음」「트럼펫과 딸기」「벌거벗은 사람과 연미복을 입은 사람」 등이 있다.

2007년에는 영국인들이 뽑은 '살아 있는 천재 100인' 중 한 명으로 선정되기도 하였다.

1967년 10월 9일

쿠바의 혁명가 체 게바라가 처형당하다

'어른이 되었을 때 가장 혁명적인 사람이 되도록 준비하여라.'

-체 게바라, 「딸에게 보내는 편지」

1967년 10월 8일 아르헨티나 출신의 혁명가 체 게바라(Che Guevara : 1928~1967)가 볼리비아의 산악 지대에서 반정부 게릴라들을 이끌고 순찰 활동을 벌이다 볼리비아 특수 부대원들에게 포위당했다.

그는 볼리비아군과 교전을 벌이다 다리에 부상을 입고 자신이 쓰던

총도 망가지자 항복했다. 그리고 이튿날인 10월 9일 오후에 두 손이 잘린 채 권총으로 처형됐다. 그의 나이 39세였다.

체 게바라는 1928년 아르헨티나 로사리오의 중상류층 가정에서 태어났다. 본명은 에르네스토 라파엘 게바라 데 라 세르나Ernesto Rafael Guevara de la Serna이다. 체 게바라라는 말은 스페인어로 사람을 부를 때 쓰는 '어이' '이봐' 정도의 의미를 지난 말인데, 체 게바라가 혁명에 뛰어들면서 스스로 이름을 이렇게 고쳤다고 한다.

이후 그는 아르헨티나의 부에노스아이레스 의과 대학에 입학하였다. 대학 시절에 오토바이를 타고 중남미를 여행한 그는 민중의 가난, 질병을 목도했다. 그리고 이에 대한 해결책은 오직 혁명밖에 없음을 깨달았다.

결국 체 게바라는 의사의 길을 포기하고, 과테말라와 볼리비아를 거쳐 1955년 쿠바에 갔다. 쿠바에서 피델 카스트로(Fidel Alejandro Castro Ruz : 1926~)와 의기투합해 쿠바 혁명에 참가하였다. 카스트로가 쿠바 정권을 장악하자 쿠바 국립은행 총재, 공업장관 등을 역임하며 '쿠바의 두뇌' 노릇을 했다.

그리고 쿠바 혁명이 일어난 지 6년이 지난 1965년에 그는 새로운 혁명을 이끌기로 결심하였다. 쿠바의 2인자 자리를 떨쳐 버리고 볼리비아로 건너가 혁명 전사의 길로 다시 뛰어든 것이다.

그는 미국의 힘을 분산시키기 위해 제2 · 제3의 베트남 전쟁을 일으켜야 한다는 혁명 전략을 세웠다. 그리고 해발 2,000m 정글에서 수십 명의 다국적군을 이끌며 볼리비아군을 상대로 게릴라전을 펼쳤다.

한편 카스트로는 체가 죽었다는 소식에 30일 동안 조기를 게양하고, 그가 체포된 10월 8일을 '게릴라 영웅의 날'로 정했다.

* 1959년 1월 1일 '쿠바, 카스트로 집권 시작' 참조

1835년 10월 9일

프랑스의 작곡가 생상스가 태어나다

생상스는 평생 병으로 고생했기 때문에 독신으로 살면서 건강에 많은 신경을 썼다. 이 때문인지 그는 86세까지 살았고, 각본을 쓰고 시를 지었으며 천문학에 관한 논문을 내고 수채화가도 되었다. 고통스런 병이 오히려 그의 인생에 여유를 가져다 준 것이었다.

카미유 생상스(Camille Saint Saens : 1835~1921)는 1835년 10월 9일 프랑스 파리에서 태어났다. 그는 모차르트(Wolfgang Amadeus Mozart : 1756~1791)의 어린 시절을 떠올릴 정도로 음악적 재능을 타고났다.

생상스는 2세 때부터 피아노를 치기 시작하였고, 10세 때는 데뷔 공연을 하였다. 그리고 12세 때 파리 음악 학교에 입학하여 오르간과 작곡을 배웠다.

또한 1853년부터 1877년까지는 마들렌 교회의 오르간 연주자로 일하며 오르간 · 피아노 연주자로서 이름을 날렸다. 헝가리의 작곡가 프란츠 리스트(Franz Liszt : 1811~1886)는 생상스의 즉흥 연주를 듣고 "당대 최고의 명연주자다!"라며 칭찬을 아끼지 않았다.

생상스는 1864년부터 오페라를 만들기 시작하였다. 1868년「삼손과 데릴라」를 만들었지만 당시 프랑스에서는 성경 이야기를 무대에 올릴 수 없었다. 그 작품은 1877년 리스트가 독일에서 첫 공연을 가진 후

1892년에야 프랑스에서 첫 공연을 할 수 있었다.

1867년 칸타타 「프로메테우스의 결혼」이 세계 박람회 기념 콩쿠르에서 입상하는 등 활발한 작곡 활동을 통해 교향곡과 실내악곡 등 여러 기악곡을 발표하였다. 1871년에는 파리에서 국민 음악 협회를 만들어 프랑스 음악계에 교향악 운동을 주도하였다.

대표 작품으로 「삼손과 데릴라」 등 오페라, 다섯 곡의 피아노 협주곡, 세 곡의 바이올린 협주곡과 「동물의 사육제」 등의 관현악곡 · 실내악곡이 있다.

1921년 86세를 일기로 사망하였다.

10월의
모든 역사

10월 10일

1911년 10월 10일

중국 신해혁명이 일어나다

중국 내의 모든 민족은 평등하다. 신해혁명 이전의 만주족 정권인 청에 의한 민족 말살 정책은 혁명의 성공과 함께 효력을 상실하였다. 이로써 국내의 모든 민족은 평등한 지위를 보장받을 수 있게 되었다.

-쑨원,『국부전집國父全集』

청나라 지배에 반대한 중국인들의 저항 운동은 19세기 말에 의화단 운동義和團運動으로 나타났다. 처음에 이들은 중국을 침탈하고 있는 서구 열강과 수백 년간 중국을 다스리고 있는 만주족 왕조인 청을 몰아내자는 구호를 내걸었다.

그런데 1898년 청 조정에서 반反외세 보수파가 실권을 잡자, 의화단에게 청에 대한 저항을 중지하고 서양 세력을 몰아내자는 제의를 하였다. 의화단은 이 제의를 받아들여 청나라를 도와 서양 세력을 멸한다는 '부청멸양扶淸滅洋'을 주장하기에 이르렀다.

서태후(西太后 : 1835~1908)의 지원을 받은 의화단은 서양의 선교사와 공사관 등을 공격하였다. 그러나 의화단 운동은 서양 세력과 일본의 군대에 의해 무산되었고, 1901년 9월 청 정부는 외국 열강에게 배상금을 지급한다는 신축 조약辛丑條約을 맺었다.

의화단 운동이 실패한 후 중국에서는 서양 세력에 굴복만 하는 청 정부를 타도하자는 반청反淸 사상이 빠르게 퍼져 가면서 혁명의 기운이 높아져 갔다.

혁명파의 지도자 쑨원(孫文 : 1866~1925)은 1894년과 1900년 두 차례에 걸쳐 청 왕조 타도를 외치면서 봉기하였으나 실패한 적이 있다. 하지만 봉기 실패 후 외국에 머물면서 서양 사상의 영향을 받아 삼민주의三民主義 사상을 품게 되었다.

쑨원은 1905년 러일 전쟁이 일어나자 8월에 일본 도쿄에서 유학생 등 혁명 세력을 통합하여 중국 최초 정당인 중국 혁명 동맹회中國革命同盟會를 결성하였다. 동맹회는 만주족 통치 세력 축출, 한족漢族 정권 수립, 민주 공화국 건설, 토지의 균등화라는 혁명 강령을 제기하였으며, 쑨원을 총리로 추대하였다.

1911년 5월 청 정부가 철도 국유화 선언을 하자 전국적인 반대가 일어났다. 청나라 조정은 철도를 사들일 만한 재정이 부족하여 서구 열강들에게 손을 내밀어야만 했고, 이것은 곧 서양 제국주의의 지배가 더욱 깊어진다는 의미를 가졌기 때문이다.

동맹회는 무장 봉기를 준비하였다. 철도 국유화에 맞서 각 성에서는 철도 수호를 위한 보로 동지회保路同志會가 결성되어 시위가 끊임없이 이어졌다. 특히 쓰촨성四川省의 시위가 격렬하여, 청 왕조는 후베이성湖北省의 무창武昌 군대를 급파하였다.

그런데 무창의 관군이 쓰촨성으로 이동한 사이, 무창에 있던 혁명파는 10월 10일 신식 군대 약 3,000여 명을 동원하여 중화민국 정부를 세웠다. 신해혁명의 시작이었다.

무창 봉기가 일어나자 중국 전 지역의 여러 성들도 잇달아 독립을 주창하고 나섰다. 대부분 신식 군대가 중심이 되어 움직였고 동맹회가 주동이 된 곳은 원래 동맹회의 거점 지역이었던 광둥성廣東省을 비롯한 몇개 지방에 불과하였다.

동맹회의 노력으로 무창 봉기를 통해 신해혁명을 이뤘지만 입헌파의 세력이 강하였다. 그에 따라 그해 12월 29일, 17성의 혁명 대표들이 무창과 난징南京에 모여 해외 망명길에서 돌아온 쑨원을 임시 대통령으로 선출하고 1912년 1월 1일 아시아 최초의 공화국인 중화민국 임시정부를 세웠다.

청 왕조는 혁명 세력에 대항하기 위해 10월 말 위안스카이(袁世凱 : 1859~1916)에게 군대의 통수권을 주고 총리대신에 임명하였다. 그러나 위안스카이는 오히려 국민당 내부 세력의 의견 대립과 재정 부족 상황을 이용하여 청 왕조를 배신하고 자신이 권력을 쥐고자 하였다.

　　쑨원은 청나라 황제의 퇴위와 공화제 실시 그리고 난징으로의 수도 이전을 조건으로 위안스카이에게 임시 대통령 직위를 넘기게 되었다.

　　그리고 2월 12일 청나라 마지막 황제인 선통제(宣統帝 : 1906~1967)가 자리에서 물러나며 청나라 역사는 막을 내렸다.

　　신해혁명은 대부분의 농민이 참여하지 못한 지식인층의 혁명이라는 한계가 있었다. 특히 북양 군벌의 지도자인 위안스카이가 대총통에 즉위하여 스스로 황제라고 선포함으로써 혁명의 의미는 줄어들었다.

　　결국 1916년 위안스카이가 사망하면서 중국은 다시 군벌 통치라는 혼란스런 정국으로 빠져들었다.

* 1900년 6월 21일 '청나라 서태후, 의화단 운동을 계기로 서양 제국에 선전 포고를 하다' 참조
* 1900년 8월 14일 '미국 · 영국 등 8개국 연합군, 중국 의화단의 난을 진압 하다.' 참조
* 1912년 1월 1일 '중화민국 수립' 참조

—

1945년 10월 10일

장제스와 마오쩌둥, 쌍십 협정을 체결하다

—

　　1945년 8월 일본의 패전이 짙어지자 평화를 갈구하는 중국 국민의 여망을 배경으로 국민당의 장제스(蔣介石 : 1887~1975)와 공산당의 마오쩌둥(毛澤東 : 1893~1976)이 충칭重慶에서 화평 교섭 회담을 개최하였다.

　　이 회담에서 쌍방은 ① 내전 회피 ② 정치 협상 회의 개최 ③ 각 당파

의 평등한 지위 승인 등에 관한 협정을 논의하였다. 그리고 그해 10월 10일 '국공 쌍방 대표 회담 기록 요강', 즉 쌍십 협정雙十協定을 발표하여 '어떤 일이 있어도 내전을 피하고, 독립·자유·부강의 신중국을 건설한다'라고 합의하였다.

그러나 국민당의 장제스는 미국의 원조하에 끝내 공산당과의 제3차 국공 합작을 거부하고 압도적 군사력을 배경으로 협정을 파기하였다. 이에 맞서 마오쩌둥도 강경한 응전 태세로 나왔기 때문에 결국 양측은 1946년 전면적인 내전으로 돌입하게 되었다.

공산당은 각개 격파의 작전을 전개하였고, 또한 그 세력권 내에서 토지개혁을 추진하여 정치적·군사적인 기반을 닦아 나갔다. 또 한편으로 '인민 민주 통일 전선'을 결성하여 국민당을 고립시키는 전략·전술을 전개하였다. 반면에 국민당 정부는 민중의 지지를 얻지 못하였다.

결국 1947년 말부터는 국민당과 공산당의 세력 관계가 역전되기 시작하였고, 공산당은 전 전선에 걸쳐 총반격을 개시하여 세력권을 확장해 나갔다.

마침내 공산당은 국민당 정부를 타이완으로 몰아내고 1949년 10월 1일 중화 인민 공화국을 수립하였다.

* 1926년 1월 26일 '중국, 제1차 국공 합작 선언' 참조
* 1937년 9월 22일 '중국, 제2차 국공 합작 선언' 참조
* 1949년 10월 1일 '중화 인민 공화국 성립' 참조

1964년 10월 10일

제18회 도쿄 올림픽 개막

1964년 10월 10일 일본의 수도인 도쿄에서 제18회 하계 올림픽 경기 대회가 개막하였다. 도쿄 올림픽은 아시아 최초의 올림픽이었다.

경제대국을 꿈꾸는 일본은 막대한 경비를 투자하여 고속철, 지하철, 고가도로, 비행장 등을 단장하였다.

도쿄 올림픽은 사상 최초로 전 세계에 인공위성을 이용하여 TV로 중계되었고, 대회 관련 자료는 컴퓨터로 정리하여 각국 대표에게 전달되었다.

93개국에서 5,151명의 선수가 참가한 이 대회에서 미국이 금메달 36개로 대회 우승을, 일본은 금메달 16개로 3위에 올랐다.

도쿄 올림픽은 10월 24일에 폐막되었다.

1991년 10월 10일

소련 국가 보안 위원회KGB 해체

1917년 체카라는 이름의 비밀경찰 기구로 시작된 소련 국가 보안 위원회KGB는 국가 권력 유지를 위한 첩보와 보안 활동을 주요 임무로 담당하였다. 이후 냉전 시대를 거치며 국제적인 첩보 조직으로 성장하였다.

KGB는 공식적으로는 정부 기구로 되어 있었으나, 당 서기국과 직접 연결되어 있어 수백만 명의 협력자를 가진 거대 조직으로서 막대한 실권을 갖게 되었다.

하지만 소련의 붕괴와 함께 1991년 10월 10일 소련의 과도 최고 통치 기구인 국가평의회에서 KGB 해체를 결정하였다. 그리고 기존의 임무를 대신할 보안국을 만들어 보안 · 국경 수비 · 정보 업무 등 업무를 분리하였다.

그 후 체첸 사태 등으로 정보 강화의 필요성이 제기되자 보리스 옐친(Boris Nikolaevich Yeltsin : 1931~2007) 대통령은 1995년에 러시아 연방 안전국FSB으로 개편, 다시 정보기관으로서의 성격을 강화하였다.

10월의
모든 역사

10월 11일

■
·
■

1531년 10월 11일

스위스의 종교 개혁자 츠빙글리가 사망하다

"인간은 하나님과 교제하기 위해 그분의 형상대로 창조되었고 인간의 영혼은 하나님의 은혜 속에서만 기쁨을 얻을 수 있다. 하나님의 말씀보다 인간의 내면 깊은 속까지 즐겁게 할 수 있는 것은 어느 것도 존재하지 않는다."

-울리히 츠빙글리

16세기의 스위스 군인은 돈을 받고 전쟁을 하거나 신변 보호를 해 주는 용병으로서 유명하였다. 그러나 돈을 번 군인들은 점차 향락에 빠져 타락하였고, 전사한 용병들의 여자를 데리고 사는 풍습도 생겨났다.

이에 콘스탄츠 주교는 첩의 자식 한 명당 벌금을 물어 거액의 세금을 거두었으나 이것은 오히려 교회에서 용병들의 타락을 인정해 준 셈이 되었다. 당시의 성직자들은 재물로 성직에 올랐고 백성들은 수도원에 높은 세금을 내며 힘겹게 살아가고 있었다.

울리히 츠빙글리(Ulrich Zwingli : 1484~1531) 또한 교황청과 동맹 관계였던 스위스에서 태어났기에 처음에는 그러한 상황을 당연하게 받아들였다. 하지만 전쟁에 종군 목사로 참가했던 츠빙글리는 전쟁의 참혹함과 폐단을 깨닫고 용병 제도를 반대하기 시작했다.

그는 설교자로서의 명성을 쌓아가던 1518년 1월 취리히 그로스 뮌스터 교회의 사제로 선출되었다. 이 무렵 츠빙글리는 독일 마르틴 루터(Martin Luther : 1483~1546)의 종교 개혁에 영향을 받기 시작하였다.

1523년 1월 취리히 정부의 소집으로 열린 공개 토론에서 츠빙글리는 67개 조항의 토론 주제를 내놓았다. 이때 구원은 신에 대한 믿음으로만 가능하다는 것과 중재자로서의 성모 마리아의 존엄성, 수도원 서약의 구속성, 천국과 지옥 사이에 있다는 연옥煉獄의 존재 부정 등을 주장하였다. 취리히 정부가 그의 의견을 받아들이자 종교 개혁 운동의 정당성을 널리 알려 나갈 자신감을 가질 수 있었다.

그리고 그해 10월에 열린 두 번째 토론에서 츠빙글리는 성상聖像 숭배를 비판하고 평신도에게 떡과 포도주를 함께 나누어야 한다는 성서의 근거를 제시하며 모국어 예배를 주장하였다. 심의회는 우선 라틴어 미사와 떡만 나눠주는 관례는 유지하되 교회의 개인 소유 성상은 없애기로 결정하였다.

1524년 7월 시의회의 명령에 따라 교회에서 성상과 유물이 제거되었고 12월에는 수도원들을 없애 그 재산을 교육과 빈민 구제에 사용하였다. 1525년에는 수난 주간까지 이어졌던 미사를 없애고 떡과 포도주를 함께 나누며 모국어 예배를 올리게 되었다.

츠빙글리의 개혁으로 교회의 파이프 오르간마저 없애고 수많은 신부·수녀·수도사들이 결혼까지 할 수 있었다. 츠빙글리는 성서에 있지 않은 그 어떠한 것도 인정하지 않았다.

1528년 6월에 취리히·콘스탄츠·베른 등의 개혁파 지역에서 '기독교 시민 동맹'을 만들자, 가톨릭을 지키려는 보수적인 지역들은 '기독교 연맹'을 조직하였다.

1529년 6월 두 세력 간에 강화 조약이 맺어졌다. 하지만 1531년에 취리히가 곡물 수송을 금지하고 가톨릭 관할 지역에 개혁주의 설교를 강요하자 전쟁이 일어나게 되었다.

그해 10월 가톨릭 세력은 카펠에서 취리히 군대를 물리쳤고 츠빙글리는 이 전투에서 숨을 거두게 되었다. 1531년 10월 11일의 일이었다.

그는 죽음을 앞두고도 가톨릭 신부의 고해 기도를 거절하였다. 그의 시신은 불에 태워지고 남은 재는 개혁파 세력의 추앙을 막기 위해 인분에 뿌려졌다.

전쟁이 시작된 지 한 달 후 카펠에서 두 번째 평화 회의가 열려 각 자치주들은 원하는 종교 선택의 권리를 인정받았다.

1962년 10월 11일

교황 요한 23세, 제2차 바티칸 공의회 개최

만일 우리가 하느님의 모습대로 창조된 사람들 중에 한 사람이라도 형제로 대하기를 거절한다면, 우리는 하느님을 감히 모든 사람의 아버지라고 부를 수 없을 것이다. (중략) 그러므로 교회는 인간과 인간 사이의 온갖 차별과, 혈통이나 피부색이나 사회적 조건이나 종교적 차별의 이유로 생겨난 모든 박해를, 그리스도의 뜻에 어긋나는 것으로 알고 배격하는 바이다.

–「비그리스도교에 대한 선언」

바티칸 공의회는 가톨릭교회 전체에 걸친 교의나 율법에 관한 중요 사항을 토의하기 위해 교황이 바티칸에서 소집하는 회의였다.

1869년 교황 비오 9세(Pius IX : 1792~1878)는 제1차 바티칸 공의회를 소집하였다. 이 회의에서 교황의 수위권首位權과 불가류성不可謬性 등 신앙 상의 주요 결정이 내려졌다.

그로부터 90여 년이 지난 1962년 10월 11일 교황 요한 23세(Joannes XXIII : 1881~1963)가 '아조르나멘토(쇄신)'의 기치 아래 제2차 바티칸 공의회를 소집하였다. 따라서 전 세계 가톨릭의 총본산인 로마 바티칸의 성베드로 대성당으로 추기경, 대주교, 주교 등 고위 성직자들이 모여들었다.

공의회 도중 회의를 소집한 요한 23세가 사망하는 바람에 바오로 6세(Paulus VI : 1897~1978)가 계승, 회의를 주재하는 등 우여곡절이 많았다. 하지만 이후 1965년 12월에 폐막될 때까지 3년 동안 이어진 이 공의회는 가톨릭의 면모를 혁명적으로 일신하였다는 평가를 받고 있다.

제2차 공의회는 교회 · 전례典禮 · 사목司牧 · 계시 등에 관한 4개의 헌장과, 교회 일치 · 매스미디어 등에 관한 9개의 교령敎令, 그리스도교적 교육 등에 관한 3개의 선언을 채택함으로써 획기적인 교회 개혁의 성과를 거두었다.

그리고 미사에서 라틴어 대신 자국어를 사용할 수 있게 했고, 각 지역의 전통과 관습에 맞게 전례를 진행하는 것이 허용됐다.

특히 이 공의회를 통해 기독교 근본주의와 다원주의의 절충인 포괄주의를 채택함으로써 타 종교에도 진리와 구원이 있을 수 있음을 인정하였다. 그래서 그리스와 러시아 정교, 유대교, 이슬람교 등 가톨릭과 알력이 있던 종교와 화해하고 종교 간 대화의 물꼬를 텄다.

* 1869년 12월 8일 '교황 피우스 9세, 제1차 바티칸 공의회 개최' 참조

1950년 10월 11일

중국, 티베트를 침공하다

인도와 네팔 북쪽에 위치한 티베트는 제2차 세계 대전을 거치면서 철저하게 중립을 지키며 독립국의 위치를 유지하고 있었다.

하지만 1949년 중국 대륙 전역을 장악한 공산당은 과거 정복의 역사와 '인민 해방'의 명분을 내세웠다. 그리고 1950년 10월 11일 티베트 침공을 감행하였다.

그로부터 50여 일이 지난 그해 12월 1일 중국 공산군 2~3만 명이 티

베트의 수도 라사에 진주했다. 그들은 필요한 토지와 식량을 요구했고, 이에 항의하는 티베트 각료들은 파직시켰다.

티베트의 지도자 달라이 라마(Dalai Lama : 1935~)는 국제사회에 지원과 개입을 호소했으나 한국전쟁에 대한 관심 때문에 국제사회의 지원은 실패로 끝났다.

결국 티베트는 1951년 달라이 라마의 지위를 보전하는 조건으로 중국의 종주권과 티베트의 자치권을 인정하는 17개항의 평화 협정을 체결했다.

그리고 중국은 티베트를 중국의 자치구로 편입시켰다. 이어 1954년에는 달라이 라마를 베이징 전국 인민 대표 대회에 초대해 티베트가 독립된 존재가 아니라 중국 내 소수 민족 지구에 불과하다는 점을 분명히 했다.

이것은 티베트인들의 광범위한 반발을 가져와 1959년 대규모의 항쟁이 일어났다. 하지만 시위에 참여한 약 1만 5,000명의 티베트인들이 사살됐다.

이 사건을 계기로 달라이 라마와 그의 추종자들은 인도로 망명, 2012년 현재까지도 독립 운동을 펼치고 있다.

* 1959년 3월 10일 '티베트 전역에서 독립 요구 봉기' 참조
* 1959년 3월 18일 '티베트의 달라이 라마 망명' 참조

10월의
모든 역사

10월 12일

1492년 10월 12일

이탈리아의 항해가 콜럼버스, 신대륙을 발견하다

콜럼버스는 신대륙 발견으로 일약 시대의 영웅으로 떠올랐지만 이에 따른 시기와 비난도 만만치 않았다.

어느 날 콜럼버스는 그를 시기하는 사람들 앞에서 물었다.

"누가 이 달걀을 세울 수 있습니까?"

하지만 아무도 나서는 사람이 없었다. 조용해진 사람들 앞에서 콜럼버스는 계란의 모서리를 평평하게 두드려 깬 다음 책상 위에 세워 놓았다. 그것을 본 사람들은 그제야 "그 정도는 나도 할 수 있다."고 중얼거렸다.

그러자 콜럼버스가 다음과 같이 말하였다.

"아무나 할 수 있고 누구든지 할 수 있지만 처음이 어려운 것입니다. 그 후에는 너무 쉬운 것입니다."

크리스토퍼 콜럼버스(Christopher Columbus : 1451~1506)는 에스파냐 왕실 소유의 탐사대를 이끌고 인도로 가는 서쪽 항로를 탐험하기 위해 떠났다. 그리고 1492년 10월 12일에 그는 드디어 옷을 입지 않은 원주민들이 살고 있는 어떤 나라의 해변에 당도했다. 항해를 떠난 지 두 달 만이었다.

오랫동안 육지에 닿기를 기다려 온 그의 염원에 행운이 깃든 것으로 받아들인 콜럼버스는 이곳을 '구원의 성자'라는 뜻으로 '산살바도르'라고 불렀다.

1451년 이탈리아의 제노바에서 태어난 콜럼버스는 27세 되던 해인 1478년에 포르투갈로 건너가 항해술과 해도 제작술을 배웠다.

'지구가 둥글다'라는 '지구 구체설球體說'을 굳게 믿고 있던 콜럼버스는 피렌체 출신의 지리학자 파울로 토스카넬리(Paolo Toscanelli dal Pozzo : 1397~1482)와의 서신 왕래를 통해 이것을 더욱 확신하게 되었다.

그리고 그는 1486년에 포르투갈의 주앙 2세(João Ⅱ : 1455~1495)를 찾아가 신대륙 탐험에 대한 원조를 간청하였다. 그러면서 콜럼버스는 다음과 같은 3가지 제안을 하였다.

첫째, 땅을 발견하게 되면 포르투갈의 기사 작위를 내려 줄 것
둘째, 발견하게 되는 땅의 총독을 맡겨 줄 것
셋째, 영토의 확장으로 보게 되는 경제적인 이득의 10%를 지급할 것

그러나 포르투갈은 이미 동인도 항로 개발 계획에 힘을 쏟고 있었기 때문에 왕은 이 원정 계획을 받아들이지 않았다.

그래서 콜럼버스는 에스파냐의 여왕 이사벨 1세(Isabel I : 1451~1504)

를 찾아갔다. 해외 진출에 관심이 있던 여왕은 콜럼버스의 제안을 수락 했다. 그리고 콜럼버스와 이사벨 1세는 산타페 협약을 맺었다.

콜럼버스는 발견한 토지의 부왕副王으로 임명될 것이며, 이 직책과 특권 (산물의 1/10)은 자손에게 전승한다.

이렇게 해서 1492년 8월에 항해가 시작됐다. 그리고 마침내 신대륙 을 발견한 것이었다. 콜럼버스는 1493년 3월에 귀국하여 '신세계의 부 왕'으로 임명되었다.

이후 콜럼버스는 17척의 선박과 1,200여 명의 선원들과 함께 제2차 항해를 떠났다. 이 항해에서는 좀 더 멀리 가서 반드시 금광을 찾을 생 각이었다. 하지만 다시 도착한 식민지에는 원주민들에 의해 몰살당한 선원들의 시체만이 난무할 뿐이었다. 그들의 약탈과 강간에 화가 난 원 주민들이 공격한 것이었다.

결국 콜럼버스는 두 번째 항해부터 서서히 몰락했다. 이후 이사벨 1 세는 콜럼버스를 멀리하기 시작했다. 그리고 1502년 5월 콜럼버스는 작은 배 4척을 타고 마지막 항해를 떠났다. 동참하는 사람도 거의 없었 다. 이 항해에서도 콜럼버스는 금은보화를 찾지 못하였다.

결국 콜럼버스는 1년 동안 자메이카 해안에 갇혀 고생하다가 1504년 에 에스파냐로 돌아왔다.

그는 좌절감과 관절염에 시달리다가 1506년 5월 55세를 일기로 사망 하였다. 에스파냐 왕실에서는 아무도 그의 장례식에 참석하지 않았다.

* 1492년 8월 3일 '이탈리아의 콜럼버스, 제1차 항해를 떠나다' 참조

1980년 10월 12일

일본의 프로야구 선수 오 사다하루, 홈런 868개로 세계 신기록 기록

오 사다하루(王貞治 : 1940~)는 일본 도쿄에서 중국인 아버지와 일본인 어머니 사이에서 이란성 쌍둥이의 동생으로 태어났다. 쌍둥이의 누나인 히로코는 태어난 지 1년 만에 사망하였다. 오 사다하루 역시 "3세 때까지 서는 것조차 힘들었다."라고 회고할 정도로 몸이 약했다.

하지만 그는 야구 선수가 되기 위해 와세다 실업학교에 입학하였다. 그곳에서 손가락이 찢어지는 부상에도 불구하고 와세다 실업고를 고시엔 대회 우승으로 이끌었다. 이 활약으로 그는 고교생 최고 대우를 받으며 1959년 일본 프로야구 명문 구단인 요미우리 자이언츠에 입단했다.

이후 사다하루는 요미우리에서 1루수이자 간판 4번 타자로 활약하였다. 1962년에 시즌 최다인 38개의 홈런과 85타점을 기록하며 홈런왕과 타점왕을 차지한 것을 시작으로 이후에 센트럴 리그 최우수 선수 9회, 홈런왕 15회, 타점왕 13회, 수위타자 5회, 최고 출루율 12회 등 최다 타이틀을 연거푸 차지하였다.

그는 1980년 10월 12일 현역에서 은퇴하였는데, 이때까지 기록한 통산 홈런 868개는 미국 메이저 리그의 행크 아론(Hank Aron : 1934~)이 기록한 755개를 넘은 세계 최다 홈런 기록이었다.

이후 사다하루는 요미우리 조감독으로 지도자 생활을 시작하였다. 요미우리 감독을 거쳐 후쿠오카 다이에 호크스의 감독으로도 활동하였다. 2006년에는 월드 베이스볼 클래식 일본 대표팀의 감독을 맡아 일본 팀을 우승으로 이끌었다.

그리고 2008년 건강 악화 등의 이유로 소프트뱅크 호크스의 감독에서 물러나 50여 년의 야구 인생을 마감하였다.

2012년 현재 소프트뱅크 호크스의 회장이자, 요미우리에서 활약했던 왕년의 전직 선수들의 모임인 요미우리 OB회 회장으로 있다.

* 1974년 4월 8일 '야구 선수 행크 아론, 715번째 홈런으로 세계 신기록 달성' 참조

1968년 10월 12일

제19회 멕시코시티 올림픽 개막

1968년 10월 12일에 멕시코의 멕시코시티에서 제19회 올림픽 대회가 개막하였다.

하지만 멕시코시티가 해발 2,200여m의 고지대인지라 선수들이 제기량을 발휘할 수 있을지 우려의 목소리가 높았다. 국제 올림픽 위원회 IOC는 개막 2주일 전까지 각국 선수단이 도착하여 고지대에 적응하도록 대책을 세웠다.

우려는 현실로 나타났다. 육상 단거리와 높이뛰기 종목에서는 공기 저항 감소로 신기록이 나왔지만 중 · 장거리 경주처럼 지구력이 필요한 종목에서는 호흡 곤란으로 기권하는 선수가 많았다.

이 대회에서 올림픽 역사상 최초로 여성 성화 주자가 성화대에 불을 지폈다. 그리고 112개국에서 5,516명의 선수가 참가한 이 대회에서 미

국과 소련이 각각 1, 2위를 차지했다.

—

2002년 10월 12일

발리 폭탄 테러 발생

—

2002년 10월 12일 밤 11시경, 휴양 리조트가 즐비한 인도네시아 발리에서 폭탄 테러가 발생하였다. 테러범들은 폭탄이 든 배낭을 메고 한 나이트클럽으로 들어가 자살 테러를 감행하였다. 이어 폭탄을 가득 실은 트럭이 정문으로 돌진해 폭발했다.

결과는 참혹하고도 끔찍했다. 특히 인파로 붐비는 쿠타 해변 지역에서 일어났기 때문에 사상자가 많이 발생하였다. 이 사고로 202명이 숨지고 209명이 부상당했다.

테러범들은 이슬람 원리주의 테러 조직인 제마 이슬라미아 소속으로 밝혀졌다. 하지만 지도자인 아부 바카르 바시르는 범행과의 어떠한 연관성도 부정했다. 그는 비교적 경미한 죄목을 선고받았다.

하지만 3명은 폭탄 테러 혐의로 사형에 처해졌다. 이 중 주모자인 아므로지 빈 하지 누르하심은 2003년 4월 사형선고를 받을 때 쾌활하게 양손 엄지손가락을 치켜세워 보이는 제스처를 취해 분노를 사기도 하였다.

한편 이 테러로 인해 한동안 발리의 관광 산업은 큰 타격을 입었다.

10월의
모든 역사

10월 13일

■
.
■

1995년 10월 13일

영국 반핵 운동가 조지프 로트블라트와 퍼그워시 회의, 노벨 평화상을 공동 수상하다

"미국의 소형 핵무기 개발은 중국 등 다른 나라의 핵무기 개발 경쟁을 불러일으켜 핵실험 금지 국제 협정인 포괄적 핵실험 금지 조약CTBT의 붕괴를 가져올 것이다."

-조지프 로트블라트

영국의 핵물리학자 조지프 로트블라트(Jozef Rotblat : 1908~2005)는
아인슈타인(Albert Einstein : 1879~1955) · 러셀(Bertrand Arthur William
Russell : 1872~1970) 등과 함께 핵무기의 위험을 알리고 핵무기 없는 세
상을 위해 전 세계 과학자들이 동참할 것을 호소하였다.

여기에 동참한 22명의 핵물리학자들은 1957년 7월 캐나다의 퍼그워
시라는 자그마한 어촌에 모여 첫 번째 회의를 개최하였다.

퍼그워시 회의는 창립 이후 1958년 핵확산 금지 조약NPT 제안 · 1961
년 쿠바 미사일 위기 중재 · 1972년 세균 금지 조약 · 1963년 포괄 핵실
험 금지 조약CTBT · 1969년 화학 무기 조약 체결 등에 큰 공헌을 하였다.

또한 핵무기를 포함한 대량 살상무기의 확산 제한과 군사비 축소를
비롯하여, 1990년대 초반 북한 핵무기 문제가 발생했을 때 북 · 미 대
화를 주선하고 제네바 합의와 경수로 건설 등의 대안을 내놓았다.

1995년 10월 13일, 창립 회원인 로트블라트와 퍼그워시 회의가 노벨
평화상을 공동 수상했다. 비공개 활동으로 인해 반세기 동안 묻혀 있던
그들의 존재와 공로가 세상에 알려진 것이다.

로트블라트는 1908년 11월 폴란드에서 태어났다. 그는 1930년 바르
샤바 대학교를 졸업하고 나치 독일의 억압을 피해 영국으로 망명했다.
이후 로트블라트는 리버풀 대학교 물리학 강사로 재직하면서 히틀러
(Hitler : 1889~1945)의 핵개발에 대한 야심을 막기 위해 원자폭탄에 대
한 연구를 하였다.

이것이 계기가 되어, 미국의 원자탄 개발 계획인 '맨해튼 프로젝트'
에 참가했다. 그러나 독일의 핵무기 개발 계획이 무산되고 제2차 세계
대전에서 독일의 패전이 확실해지자, 1944년 말에 핵무기 개발에 반대
하며 맨해튼 프로젝트를 떠났다.

이후 그는 런던 대학교의 물리학 교수로 재직하면서 원자력의 평화적인 이용만을 추구하는 '핵과학자 협회' 회장으로 활동하였다. 그러면서 본격적으로 반핵 운동에 참가, 의학-생물학 등 원자력의 평화적 이용을 위한 연구에 일생을 바쳤다.

2005년 9월 96세를 일기로 사망하였다.

* 1955년 7월 9일 '러셀, 아인슈타인 등 세계의 저명한 지식인 11명이 퍼그워시 성명을 발표하다' 참조

—

1943년 10월 13일

이탈리아 바돌리오 내각, 독일에 선전 포고

—

제2차 세계 대전 중이던 1943년 7월 연합군이 이탈리아의 시칠리아 섬을 함락시키자 국왕을 중심으로 한 군부와 보수파는 무솔리니 정권을 몰아내고 바돌리오 내각을 세웠다.

이탈리아의 새로운 정부 수반이 된 피에트로 바돌리오(Pietro Badoglio : 1871~1956)는 그해 9월 3일 연합국에 무조건적인 항복 선언을 하였다.

이에 나치 독일의 아돌프 히틀러(Adolf Hitler : 1889~1945)는 베니토 무솔리니(Benito Andrea Amilcare Mussolini : 1883~1945)를 구출하는 데 성공하여 이탈리아 북부에 파시스트 공화 정부인 살로 공화국을 수립하였다.

무솔리니는 연설을 통해 "바돌리오 정부의 쿠데타는 실패했으며, 자

신이 공화국을 계승할 것이다."라고 선언하였다.

하지만 10월 13일 국왕과 바돌리오 정부는 이탈리아 남부로 피신하면서 독일에 선전 포고를 하였다. 그리고 이듬해인 1944년 4월에 반反 파시스트 정당 내각을 개편하였다.

* 1943년 9월 3일 '이탈리아, 미국 등 연합군에게 항복 선언' 참조

—

1884년 10월 13일

본초 자오선 결정

—

본초 자오선本初子午線은 지구상의 위치를 가늠하는 경도經度의 시작점이며 또한 세계 표준시時의 기점을 말한다. 하지만 몇몇 국가들이 저마다 독자적인 기준을 갖고 있어서 혼란을 초래하고 있었다.

1884년 10월 13일 미국 워싱턴에서 25개국 대표들이 모여 영국 그리니치 천문대를 본초 자오선의 기준으로 결정하여 그리니치 평균시GMT가 세계 표준시로 정해졌다.

하지만 GMT는 지구 자전을 기준으로 시간을 산출하는 방식이어서 조수 등의 영향에 따라 자전 속도가 달라져 시간이 조금씩 부정확해지는 단점이 있다.

이 때문에 1967년 국제 도량형 총회에서 세슘원자의 진동을 이용해 정확한 시간을 재기로 했으며, 1972년부터는 협정 세계시UTC로 이름을 바꿔 사용하고 있다.

10월의
모든 역사

10월 14일

■
■
■

1962년 10월 14일

쿠바 미사일 사태가 발생하다

"나는 흐루시초프 서기장에게 세계 평화를 위협하는 이번 행위를
중지할 것을 촉구했습니다."

-케네디, 1962년 10월 22일 TV 연설

1959년 1월 1일 쿠바의 피델 카스트로(Fidel Alejandro Castro Ruz : 1926~)는 폴헨시오 바티스타(Fulgencio Batista Zaldivar : 1901~1973) 정권을 축출하고 집권을 시작하였다. 이에 미국은 즉각 쿠바의 신정권을 승인할 정도로 처음에 양국 간의 관계는 우호적이었다.

하지만 1961년 1월, 카스트로가 쿠바 내 미국 재산을 몰수하고 결국 미국과의 단교를 선언하면서 쿠바는 미국의 눈엣가시가 되었다.

그리고 그해 4월에 카스트로가 혁명의 사회주의적 성격을 선언함으로써 쿠바는 사회주의 국가로 탈바꿈하게 되었다. 결국 미국은 카스트로 정권을 전복할 계획할 세우고 다음 날인 4월 17일 쿠바의 피그만을 침공하였다.

하지만 결과는 미국의 참담한 패배로 끝났다. 그리고 쿠바는 피그만 침공 사건을 계기로 같은 사회주의 국가인 소련에 경제, 군사적으로 의지하는 정책을 펼치면서 소련과 급속도로 가까워졌다. 하지만 이것은 이듬해 일어난 쿠바 미사일 위기를 촉발시켰다.

1962년 10월 14일, 미국 중앙 정보국CIA에 한 첩보가 날아들었다. 몇 주일 전부터 대서양을 횡단, 쿠바의 하바나 항에 화물을 부리고 있는 일군의 소련 선박이 의심스럽다는 서독 연방 정보국으로부터의 첩보였다.

당시 CIA는 "쿠바에 핵무기가 있느냐 없느냐?"에 대한 해답을 찾고 있었기에 공군에 협조를 부탁하였다. 이에 미 공군은 당시 쿠바 상공을 정찰 중이던 U2 정찰기를 이용해 사진 촬영에 들어갔다. 정찰기는 쿠바 상공을 고도 2만 2,000m에서 6분 동안 비행하며 완벽하게 촬영을 마무리하였다.

촬영된 필름은 즉각 워싱턴으로 운반되었다. 그리고 이튿날인 10

월 15일, 소련 미사일 기지가 쿠바에 4군데 있다는 것을 확인하였다. 소련 공산당 서기장 니키다 흐루시초프(Nikita Sergeevich Khrushchyov : 1894~1971)가 미국과의 경쟁에서 군사적 우위를 확보하고, 서방 세계와의 협상 카드로 쓰기 위해 쿠바에 장거리 미사일 기지를 설치하고 있다는 것이 눈으로 확인되는 순간이었다.

미국 대통령 케네디(John Fitzgerald Kennedy : 1917~1963)는 이 보고를 받자 할 말을 잃었다. 미국 해안에서 불과 145km 떨어진 곳에서 TNT 100만t 화력과 맞먹는 미사일이 만들어지는 것은 미국이 소련 옆에 위치한 터키에 미사일을 배치하는 것과 같았다. 또한 그동안 흐루시초프는 공적·사적 채널을 통해서 "쿠바에 미사일을 보내는 일은 결코 없다."고 단언해 왔던 터였기 때문이다.

많은 사람들은 소련의 보복을 감수하고라도 선제공격을 가해 미사일 배치를 막아야 한다고 말하였다. 이에 10월 22일 케네디는 쿠바에서의 미사일 기지 건설을 무력시위라고 주장하며, 미사일 기지의 완공을 강행한다면 이를 선전포고로 받아들여 제3차 세계 대전도 불사하겠다는 공식성명을 발표했다. 그러면서 쿠바 해상 봉쇄를 명령하였다. 미사일을 싣고 쿠바로 향하던 소련의 선박을 해상에서 막기 위해서였다.

전 세계는 또다시 전 세계적 규모의 전쟁이 일어날지 모른다는 불안감에 떨었고, 학교와 가정에서 대피 훈련과 방공호를 파는 작업이 실시되는 등 일촉즉발의 상황에 놓였다.

결국 사흘 뒤인 10월 28일 흐루시초프가 쿠바에 배치하였던 소련의 핵탄두 미사일을 모두 철수시킬 것을 명령함으로써 이 사태는 마무리되었다.

한편 이 사건을 계기로 미국과 소련 사이를 직접 연결하는 핫라인이 개통되었다.

* 1959년 1월 1일 '쿠바, 카스트로 집권 시작' 참조
* 1961년 1월 3일 '쿠바, 미국과 국교 단절 선언' 참조
* 1961년 4월 16일 '피델 카스트로, 쿠바 사회주의 국가 선언' 참조
* 1961년 4월 17일 '미국, 쿠바 피그만을 침공하다' 참조
* 1962년 10월 22일 '미국 케네디 대통령, 쿠바 봉쇄' 참조
* 1963년 8월 30일 '미국의 워싱턴과 소련의 모스크바 간 핫라인 개통' 참조

1867년 10월 14일

쇼군 도쿠가와 요시노부, 천황에게 정권 반환

1854년 일본의 에도 막부가 천황과 협의도 없이 미국을 비롯한 서구 열강과 굴욕적인 조약을 체결하였다. 이에 많은 무사들이 막부에 등을 돌렸다.

막부 타도 움직임이 거세지는 것을 두려워한 쇼군將軍 도쿠가와 요시노부(德川慶喜 : 1837~1913)는 정권을 천황에게 돌려준다는 대정봉환大政奉還을 실시하였다. 이를 통해 300여 년 동안 내려오던 막부의 막을 스스로 내린 것이었다. 1867년 10월 14일의 일이었다.

하지만 1868년 1월에 강경파 무사들이 왕정복고를 선언하며 쿠데타를 일으키자 그는 그 결과를 받아들이고 항복하였다. 그래서 일본에서는 왕정복고가 이루어져 부국강병의 기치 아래 근대화를 추진하는 메이지 유신의 기틀이 마련되었다.

이후 요시노부는 사면되었고, 1902년에는 공작 작위를 받았다.

* 1868년 4월 6일 '메이지 천황, 5개조의 「고세이몬」을 발표하다' 참조

10월의
모든 역사

10월 15일

■
．
．
■

1582년 10월 15일

유럽에서 그레고리 역법이 실시되다

교황 그레고리 13세가 1582년 그레고리력을 공포했다. 이에 따라
많은 가톨릭 국가들이 새로운 달력에 따라 1월 1일부터 새해를 시
작하였다.

그러나 새로운 달력이 만들어졌다는 사실을 모르거나 믿지 않는
이들은 여전히 율리우스력에 따라 새해를 시작하였다. 율리우스력
의 새해 시작은 4월 1일이었다. 그들은 4월 1일에 새해맞이 축제를
하였고, 그레고리력을 따르는 사람들은 진실을 얘기해 주지 않은
채 그들을 '4월의 바보'라고 놀렸다. '만우절' 풍습은 이때 생겨난
것이다.

농경문화가 중심이었던 고대 이집트인들에게 나일 강의 홍수는 그 무엇보다도 커다란 재앙이었다. 그러나 1년 중 언제 홍수가 일어나는지를 안다면 씨앗을 뿌리거나 추수를 하는 때를 결정할 수 있었다.

나일 강의 범람이 궤도상의 태양 위치와 밀접한 관계가 있음을 깨달은 이들은 태양의 움직임에 근거한 역법曆法인 태양력太陽曆을 만들었다. 로마 황제 율리우스 카이사르(Gaius Julius Caesar : B.C. 100 ~ B.C. 44)가 기원전 46년경 만든 율리우스력曆은 바로 이 태양력을 토대로 만들었다.

한 해의 평균 일수는 365.25일, 즉 365일+6시간으로 계산했는데 6시간을 달력에 구분할 수 없어 윤년을 만들었다. 4년을 주기로 처음 3년 동안은 평년平年으로 1년을 365일로 정하고, 맨 끝 4년째에는 하루를 추가하여 366일을 1년으로 하는 윤년閏年을 만든 것이다.

율리우스력은 16세기까지 유럽에서 활용됐지만 13세기 무렵부터 차츰 그 역법의 오차가 알려지기 시작하였다. 태양년이 365.2422일이었기에 율리우스력이 0.0078일(11.232분)이 길어 약 130년에 1일의 차이가 났다. 율리우스력의 시간 차이는 세월이 흐를수록 크게 벌어져 16세기 후반의 실제 춘분은 달력상의 춘분보다 10일이나 빠른 3월 11일이었다. 따라서 달력에 근거하여 농사짓는 데 문제가 생겼고 가톨릭의 부활절을 정하는 것도 혼란을 가져왔다.

새로운 달력의 필요성이 대두되자 1582년 교황 그레고리 13세(Gregorius XIII : 1502 ~1585)가 자신의 이름을 딴 그레고리력을 만들었다. 이 때 1582년 10월 5일을 10월 15일로 고쳐서 기록을 시작했는데 그것은 1583년부터 춘분春分을 3월 21일로 못박기 위해서였다.

그레고리력의 1년 평균 길이는 365.2425일로 태양년과의 차이는 0.0003일(0.432분)로 약 3000년에 하루 정도밖에 차이가 없는 매우 정교한 역법이다.

당시 교황 그레고리 13세의 신교 박해가 심했기에 그레고리력은 처음에는 가톨릭 국가들만 받아들여 사용하였다. 그러나 오차가 많은 기존 역법을 따르던 국가들이 차츰 문제점을 인식하여 그레고리력을 채택하기 시작하였다.

오늘날 이 역법은 전 세계적으로 쓰이고 있다. 물론 1개월의 길이가 28일부터 31일까지로 달라 불합리한 측면이 있고, 윤년을 쓰는 방법이 복잡하다는 등의 문제점이 없는 것은 아니다. 그에 따라 새 역법을 만들어 사용하자는 의견이 공공연히 주장되고 있다. 그러나 당분간 새로운 역법을 사용하기는 힘들 것으로 보인다. 그레고리력에는 가톨릭에 의해 시작되었다는 종교적인 배경이 깔려 있을 뿐만 아니라, 지금 현재 실질적으로 세계가 사용하고 있다는 현실적인 배경도 있기 때문이다.

—

2003년 10월 15일

중국, 첫 유인 우주선 선저우 5호 발사 성공

—

1956년 10월 중국은 마오쩌둥(毛澤東 : 1893~1976) 국가 주석의 지시로 우주 개발 계획에 착수하였다. 이후 중국은 1960년에 처음으로 로켓을 발사했고, 1970년 4월 24일에는 중국 최초의 인공위성인 동방홍東方紅 1호를 발사하는 데 성공하였다.

또한 1999년 11월에는 무인 우주선인 선저우 1호를 발사한 뒤, 2002년 12월 30일에는 선저우 4호를 발사해 모의 유인 우주 비행에 성공함으로써 유인 우주선 발사를 위한 모든 준비를 마쳤다.

그리고 마침내 2003년 10월 15일 무게 7.8t, 길이 8.65m, 지름 2.8m 의 선저우 5호를 간쑤성甘肅省 주취안酒泉 위성 발사 센터에서 발사하여 10분 만에 지구 타원 궤도에 진입시켰다. 중국 최초의 유인 우주선 발 사에 성공한 것이었다.

이후 선저우 5호는 21시간 동안 지구 궤도를 선회하면서 용정차 · 무 · 토마토 · 가지 등의 종자를 이용해 무중력 상태에서 유전자 변이 실 험을 하는 한편, 고해상도의 이미지 촬영 카메라 테스트를 실시하였다.

그리고 다음 날 아침에 네이멍구內蒙古 자치구의 초원 지대에 안전하 게 착륙하였다.

이로써 중국은 미국 · 러시아에 이어 세계에서 3번째로 발사에 성공 한 우주선을 보유하게 되었다.

2005년 10월에는 두 번째 유인 우주선인 선저우 6호 발사에 성공하 였다. 이후에도 중국은 선저우 7호부터 9호까지 성공시키며 우주 강국 으로서의 면모를 과시하고 있다.

* 1970년 4월 24일 '중국, 첫 인공위성 동방홍 1호 발사' 참조

—

1944년 10월 15일

독일의 총사령관 롬멜 자살하다

—

'사막의 여우The Desert Fox'라고 불리며 북아프리카에서 명성을 날 리던 독일군 총사령관 에르빈 롬멜(Erwin Johannes Eugen Rommel :

1891~1944)이 1942년 이집트에서 몽고메리(Bernard Law Montgomery : 1887~1976)가 지휘하는 영국군에 패하였다.

그러자 전쟁의 승리만을 외치던 나치 총통 아돌프 히틀러(Adolf Hitler : 1889~1945)는 분을 참지 못하고 롬멜을 서부 전선으로 전출시켰다. 롬멜은 연합군의 공격을 예상치 못하고 잠시 휴가를 떠났다가 1944년 6월 5일 연합군의 노르망디 상륙 작전에 대패를 당하였다.

히틀러의 광기 어린 명령에 패전을 거듭하던 롬멜은 결국 히틀러 제거를 위한 반란에 가담하게 되었다. 하지만 사전에 이것이 발각되어 롬멜은 결국 히틀러가 보낸 청산가리를 마시고 1944년 10월 15일 스스로 목숨을 끊었다.

* 1944년 6월 6일 '연합군, 노르망디 상륙 작전을 개시하다' 참조

10월의
모든 역사

10월 16일

1964년 10월 16일

중국, 원폭 실험에 성공하다

덩샤오핑은 1980년대에 들어서자 세계 대전은 한동안 일어나지 않을 것이라며 경제 개발에 힘쓸 것을 강조하였다. 1970년대까지 중국이 원자 폭탄과 수소 폭탄 그리고 인공위성을 보유했기에 가능했던 일이었다.

1964년 10월 16일 중국 북서부 고비 사막에서 굉음과 함께 버섯구름
이 솟아올랐다. 아시아에서 터진 역사상 세 번째 핵폭탄이자 아시아에
서 개발한 첫 번째 원자탄이었다.

냉전이 한창이던 당시 중국은 독자적으로 핵무기를 개발하여 신강^{新疆}
위구르 자치구에서 원폭 실험에 성공한 것이다. 1966년 12월에는 수소
폭탄 실험에도 성공하였다.

중국은 이어서 원자력 잠수함 개발에 나섰고 에너지 부족이란 명분을
앞세워 2020년까지 50여 개의 원자력 발전소를 건립할 계획을 세웠다.

당시 서구 언론에서는 중국 핵무기 개발에 독일인이 참여했다는 거
짓 정보를 퍼뜨리며 애써 아시아의 핵무기 개발 성공을 깎아내렸다. 소
련과 미국의 정보기관은 중국의 원자탄이 아직까지 실험 단계일 뿐, 실
전에 배치할 수 없다는 정보를 캐내어 놀란 가슴을 달랠 수 있었다.

하지만 수소 폭탄 실험의 성공으로 중국의 폭탄 소형화 기술도 급진
전하였다. 폭격기에 싣고 날아가 떨어뜨릴 정도로 작아졌다. 그러자 핵
강대국인 미국과 소련은 점차 긴장하기 시작했다.

1969년 소련이 중국의 핵무기 기지를 공격한다는 이야기가 돌자 마
오쩌둥(毛澤東 : 1893~1976)은 새로운 핵실험을 강행하여 중국의 힘을
과시하였다. 다음 해인 1971년 4월에는 인공위성 발사 성공으로 뛰어난
로켓 개발 능력을 뽐내며 장거리 공습 능력을 보여 주었다. 이어서 핵잠
수함 개발에도 성공하였다.

원폭 실험 성공 후 40년이 지난 현재 중국은 290개의 전략 핵무기와
120개의 전술 핵무기를 보유하여 미국 · 러시아 · 프랑스의 뒤를 쫓는
세계 4대 핵무기 보유국이 되었다.

전략 핵무기는 대륙 간 탄도 미사일이나 잠수함 발사용 탄도미사일

등 사거리 5,000~1만km 내외의 장거리 미사일에 100kt 급의 핵탄두 5~12발 또는 대형 단일 탄두를 장착하여 적의 주요 시설을 일거에 파괴하는 힘을 지녔다.

전술 핵무기는 중·단거리 미사일이나 순항미사일·자주포탄 등 다양한 형태로 사용하며 전략핵에 비해 크기와 파괴력은 적지만 어마어마한 위력을 갖추고 있다.

중국의 최첨단 미사일은 최대 사정거리가 1만 2,800km를 넘어 미국 대륙까지 공격할 수 있고, 탄두를 여러 개 장착한 다탄두 대륙 간 탄도 미사일도 개발한 것으로 알려졌다.

중국은 2003년 유인 우주선 발사 성공으로 핵무기 공습에 필수조건인 최첨단 로켓 기술력을 보여 주었다.

2012년 현재에는 미국의 미사일 방어망을 뚫을 수 있는 로켓 기술을 개발 중이다.

1984년 10월 16일

남아공의 흑인 종교 지도자 엠필로 투투 주교, 노벨 평화상 수상

엠필로 투투(Desmond Mpilo Tutu : 1931~)는 남아프리카 공화국 요하네스버그 인근 광산촌에서 태어났다. 그는 1958년 런던 킹스 칼리지에서 신학 석사 학위를 받았으며, 1961년 남아프리카 공화국의 흑인으로서는 처음으로 성공회 신부로 서품되었다.

1967년에는 흑인 학교인 포트해어 대학교의 교목이 되었고 이어 요하네스버그 성공회의 수석 신부가 되었다. 이 무렵부터 요하네스버그의 흑인 도시 소웨토에서 남아프리카 공화국의 인종 분리주의 정책에 반대하는 투쟁을 벌였다.

1978년에는 남아프리카 공화국 교회 협의회sacc의 사무총장이 되어 남아프리카 공화국 인종 정책에 비폭력 투쟁으로 대항, 흑인 의식화 운동의 기수가 되었다.

그리고 1984년 10월 16일 인종 차별 문제를 해결하려는 지도자로서의 공로가 인정되어 노벨 평화상을 받았다.

이후 투투 주교는 흑인 최초로 요하네스버그 주교가 되었고 2년 후에는 케이프타운 대주교에 임명돼 남아프리카 공화국 영국 국교회의 전체 지도자가 됐다. 그리고 2010년 7월에 은퇴 선언을 하였다.

2012년 현재 공식적인 활동은 하지 않고 있다.

—

1916년 10월 16일

마거릿 생어, 산아 제한 클리닉 개소

—

미국의 여성 운동가 마거릿 생어(Margaret Sanger : 1883~1966)는 1883년 뉴욕에서 태어났다. 11자녀 중 6번째로 태어난 생어는 어머니에 대해 배부른 모습만을 기억하였다. 그녀는 간호학교를 졸업하고 간호사가 되었다.

간호사로서 빈민가에 근무하는 동안 잦은 임신과 출산이 여성의 건강에 적지 않은 폐해를 끼친다는 것을 깨달은 그녀는 산아 제한birth control의 필요성을 확신하게 되었다. 하지만 20세기 초에는 '산아 제한'이라는 말을 입 밖에 내는 것 자체가 금기였다.

　이후 피임법의 전도사가 된 생어는 1914년 3월에 『여성 반란』이라는 잡지를 발간하며 산아 제한 운동을 시작하였다. 이 잡지에서 그녀는 "여성 자신이 육체의 주인"이라는 유명한 말을 남겼다. 하지만 잡지는 음란 출판물을 발행 · 배포했다는 혐의를 받아 곧 폐간됐다.

　하지만 생어는 이에 굴하지 않고 1916년 10월 16일 미국 최초의 '산아 제한 클리닉'을 뉴욕 브루클린에 개소했다. 이 클리닉이 개소하자마자 많은 여성들이 다녀갔다.

　이에 경찰은 그녀를 잡아들여 재판에 넘겼다. 그 결과, 생어는 30일간의 강제 노동 판결을 받았다. 하지만 "여성에게 피임 기구를 제공할 권한을 의사에게 준다."는 판결을 이끌어내 산아 제한 운동의 새로운 전기를 마련했다.

　이후 생어는 1936년에 "의사들이 피임약을 처방할 수 있다."는 연방 법원의 판결을 받아냈고, 1937년에는 미국 의학 협회로 하여금 "의과 대학에서 피임에 관한 강의를 할 수 있다."는 결의를 이끌어냈다.

　그리고 1950년에는 내분비학자인 핀커스(Gregory Goodwin Pincus : 1903~1967)를 통해 피임약 개발에 성공함으로써 산아 제한 운동은 절정을 맞았다.

10월의
모든 역사

10월 17일

1973년 10월 17일

제1차 석유 파동이 발생하다

1973년 10월 15일 미국은 이스라엘에 대한 무기 지원을 공식 선언
하였다. 그래서 이튿날인 10월 16일 미국인 조종사가 탑승한 최신
예 팬텀 전투기 25대가 이스라엘로 급파되었다. 그리고 10월 19일
에는 미국의 닉슨 대통령이 이스라엘에게 22억 달러에 달하는 군
사 원조를 할 수 있도록 의회에 승낙을 요청하였다.

1973년 10월 6일에 이스라엘과 아랍 국가 간의 제4차 중동 전쟁이 발발하였다. 이에 아랍의 산유국들은 이스라엘을 지원하는 미국과 네덜란드 등에 대한 석유 수출 금지를 결정함으로써 석유의 무기화를 공식 선언하였다.

10월 17일 석유 수출국 기구OPEC는 쿠웨이트에서 모임을 갖고 1배럴당 원유 판매 가격을 3.011달러에서 5.119달러로 인상하였다. 이로써 제1차 석유 파동이 발생하였다.

다음 날, OPEC 석유 장관 회의에서는 9월 원유 생산량을 기준으로 매달 원유 생산량을 줄여 나갈 계획임을 밝혔다. 그리고 이스라엘이 1967년 6월 제3차 중동 전쟁 이후 점령한 지역에서 철수할 때까지 생산량을 줄여 나갈 것을 밝혔다. 이로써 원유 수출 제한과 원유 생산량 축소가 시작되었다.

10월 18일에 사우디아라비아가 석유 생산량을 10% 줄이자 리비아와 쿠웨이트 · 알제리가 그 뒤를 따랐다. 10월 21일까지 전체 아랍 산유국들이 미국에 대한 원유 수출 금지 조치를 내렸다. 이로 인해 11월 초까지 불과 2주일 만에 20%가량 석유 공급이 줄었고, 11월 4일 쿠웨이트에서 다시 모인 OPEC 석유 장관들은 25%까지 줄이기로 합의하였다.

원유 생산량 축소에 이어 12월 22일 테헤란에서 열린 제37차 OPEC 총회에서 원유 판매 가격의 130% 인상을 결정하여 1974년 1월 1일 OPEC는 1배럴당 석유 수출 가격을 11.65달러로 발표하였다. 이는 1년 전인 1973년 1월 1일의 배럴당 2.591달러에 비해 4배나 오른 가격이어서 전 세계는 오일 쇼크의 충격과 함께 한 해를 시작해야 했다.

하지만 제4차 중동 전쟁에 대한 휴전이 이루어지자, OPEC는 원유 생산량을 늘리고 미국에 대한 원유 수출 금지를 해제하였다.

제1차 석유 파동으로 석유 의존도가 높았던 나라들은 산업 전 분야에서 커다란 타격을 입었다. 오일 쇼크의 악몽에서 벗어난 후 각국은 유전 개발에 노력하고 OPEC 소속이 아닌 지역의 유전 개발에 뛰어들어 안정적인 원유 확보에 노력하였다.

제1차 석유 파동은 1978년 일단 진정되었다. 하지만 1978년 말 이란의 국내 혼란과 1979년 초의 이슬람 혁명을 계기로 다시 제2차 석유 파동이 일어났다.

1978년 12월에 OPEC는 회의를 통해 배럴당 12.7달러이던 석유 가격을 단계적으로 14.5% 인상하기로 결정하였다. 또한 이란은 국내 정치 및 경제적 혼란을 이유로 석유 생산을 대폭 감축하고 수출을 중단하였다. 이로써 원유 가격은 배럴당 20달러를 돌파하고 현물시장에서는 40달러에 육박하였다. 이것이 제2차 석유 파동의 시작이었다.

이후 각국은 제1차, 제2차 석유 파동을 겪으면서 대체 에너지 개발에 눈을 돌리게 되었다.

* 1960년 9월 14일 '사우디아라비아 · 이라크 등 5개국, 석유 수출국 기구를 설립하다' 참조
* 1973년 10월 6일 '이스라엘과 아랍 간의 제4차 중동 전쟁이 시작되다' 참조

1883년 10월 17일

영국의 교육자 알렉산더 닐이 태어나다

"어린이들에게 사랑을 보여 주고 그들을 존중하며 그들의 관심거리를 선택해
살아 갈 수 있도록 자유롭게 해 주는 것이 문제아를 만들지 않는 교육이다."

알렉산더 닐(Alexander Sutherland Neill : 1883~1973)은 1883년 10월
17일 스코틀랜드 의 포파셔에서 태어났다.

닐은 권위적이고 엄격한 분위기에서 이루어지는 교육을 반대하고 자
유로운 교육을 주장하였다. 그는 1924년에 영국의 대표적인 대안 학교
서머힐Summer Hill을 설립하여 자신의 교육론을 실현하였다.

그는 서머힐 학교의 규정에서 "자유란 타인의 자유를 침해하지 않는
한 자신이 하고 싶은 것을 하는 것이다."라고 말하였다. 그가 말한 원칙
에 따라 서머힐에서는 학교에 와서 수업에 들어가지 않는 것은 학생의
자유이다. 다만 다른 학생들이 공부하거나 쉴 때 시끄럽게 하는 행동은
금지되었다.

닐은 교사가 학생들에게 하나하나 가르치지 않더라도 그들끼리 내버
려 두면 스스로 옳고 그른 판단을 익히게 된다는 믿음을 가졌다. 또한
장래에 어떤 일을 할 것인지 어떻게 살아갈 것인지 또한 아이들 스스로
자신의 소질과 적성에 따라 결정한다는 것이었다.

닐의 획기적인 교육관은 다른 진보 사상가들조차도 이해하지 못할
정도로 혁명적이어서 학자들 간에 격렬한 논쟁이 오가며 학부모들에게

커다란 충격을 주었다. 그가 바라본 영국의 교육은 인간성과 자유를 억압하는 것이었으며, 닐은 학생의 자유를 최대한 존중해 주는 자유주의 교육을 실천하였다.

『문제아』『자유로운 아동』 등의 저서를 남겼으며, 1973년 100세를 일기로 사망하였다.

1903년 10월 17일

덴마크의 의학자 핀센, 노벨 생리·의학상 수상

덴마크의 코펜하겐 대학에서 의학을 전공한 닐스 뤼베르 핀센(Niels Ryberg Finsen : 1860~1904)은 1893년 「천연두에 대한 적외선 요법의 효과」라는 논문을 발표하였다.

1896년에는 코펜하겐에 광선 치료 연구소를 설립하여 광선光線의 생물학적 치료 효과에 대한 연구에 전념하였다.

핀센은 당시 유럽에서 문제가 된 피부 결핵을 치료하기 위해 자외선을 인공적으로 방출하는 기구를 고안하여 환자 치료에 도입했다.

이에 대한 공로를 인정받아 핀센은 1903년 10월 17일 노벨 생리·의학상을 수상하였다. 덴마크인 최초의 노벨상 수상자였다.

하지만 이듬해인 1904년 핀센은 44세를 일기로 사망하였다. 핀센의 고향인 페로제도 토르샤븐에 그의 기념비가 설립되었다.

1968년 10월 17일

일본의 소설가 가와바다 야스나리,
노벨 문학상 수상

가와바다 야스나리(川端康成 : 1899~1972)는 일본의 전형적인 '일본 회귀형' 작가로서, 서양 문학의 영향을 받아 활동하다가 일본 전통에 근거한 작품으로 전환하여 활동하였다.

그의 대표작인 소설 『설국雪國』은 그가 36세 때 쓰기 시작하여 13년 만인 1948년에 완성한 작품이었다. 그 결과, 1968년 10월 17일 가와바다는 동양인으로서 인도의 라빈드라나드 타고르(Rabindranath Tagore : 1861~1941) 이후 두 번째이자 일본인 최초로 노벨 문학상을 수상하였다.

이후 일본 펜클럽 회장으로 활동하면서 일본 문학을 세계에 알리는 데 노력하였다.

하지만 가와바다는 1972년 4월 16일 유서도 남기지 않은 채 가스관을 입에 물고 자살했다.

* 1972년 4월 16일 '일본의 노벨 문학상 수상 작가 가와바다 야스나리 자살' 참조

10월의
모든 역사

10월 18일

2007년 10월 18일

파키스탄의 전 총리 부토 귀국길에
폭탄 테러를 당하다

"자폭 테러 때문에 선거 운동을 어느 정도 조절할 필요가 있다. 하지만 우리는 민중을 계속 만날 것이다. 단념하지 않을 것이다."

-베나지르 부토, 자폭 테러를 피한 직후에 행한 연설

2007년 10월 18일, 8년간의 영국 망명 생활을 마치고 파키스탄의 베나지르 부토(Benazir Bhutto : 1953~2007) 전 총리가 귀국길에 올랐다. 페르베즈 무샤라프(Pervez Musharraf : 1943~) 대통령과 부토 전 총리의 권력 분점을 통해 대테러 전쟁에서 핵심 구실을 하는 파키스탄의 정국을 안정시키겠다는 미국의 구상에 따른 것이었다.

그녀는 카라치 공항에 도착해 20만 명의 인파에 둘러싸인 채 8시간 동안 차를 타고 귀국 축하 거리 행진을 벌였다. 하지만 행진 도중에 부토 전 총리가 탄 차량 옆에서 폭발물이 두 차례나 폭발했다.

부토는 차 위에서 환영 인파에 손을 흔들다 폭발 10분 전 휴식을 위해 차 안으로 들어가 참변을 면했다. 하지만 그가 이끄는 파키스탄 인민당 PPP 당원과 경찰 등 적어도 120명이 현장에서 숨지고 수백 명이 다쳤다.

이날 파키스탄 당국은 경호 인력 2만여 명과 방탄차 등 경호 장비를 동원했으나 파키스탄 사상 최악의 테러 사건을 막지 못했다.

사건의 배후는 무샤라프 대통령이 형성한 친미 · 반이슬람주의 연대에 반대하는 이슬람주의 세력으로 추정되었다. 이들은 부토의 귀국에 앞서 폭탄 테러를 할 것이라고 경고한 바 있었다.

1999년 무혈 쿠데타로 집권한 무샤라프는 정권 초기 이슬람주의 근거지인 북서부 부족 지역에 상당 부분의 자치를 허용하는 등 이슬람주의 세력에 대해 유화 정책을 펼쳤다.

그러나 2001년 9 · 11 이후 미국이 사실상 이슬람주의 세력을 겨냥한 '테러와의 전쟁'을 선포하고, 무샤라프 정부가 이런 미국에 협력적 태도를 취하면서 둘 사이의 관계는 미묘해졌다.

급기야 그해 7월에 이슬람주의 세력의 붉은 사원 점거 시위가 벌어졌다. 이에 무샤라프는 정부군을 투입해 무력 진압에 나섰다.

그러자 무샤라프와 이슬람주의 세력의 관계는 '테러'와 '토벌'로 점
철됐다. 이슬람주의 세력과 대립각을 세우면서 무샤라프의 지지 기반
이 흔들렸다. 부토와의 권력 분점은 이런 위기 상황에서 이뤄진 미국의
'지원 사격'이었다.

대테러 전쟁 수행을 위해 파키스탄의 정국 안정이 절실했던 미국은
무샤라프와 부토가 '친미 · 반이슬람주의'라는 공통점을 갖는 데 주목
하고, 둘의 권력 분점 협상을 적극 지원하였다. 부토 또한 이슬람주의
고립을 주장해 왔다. 이런 상황이 이슬람주의 세력으로선 달가울 리가
없었다.

무샤라프는 부토에 대한 테러가 "민주주의에 반하는 음모"라며 강력 비
난하는 등 두 사람은 이슬람주의 세력에 대한 강경한 자세를 고수했다.

부토 전 총리는 1953년 6월 유력 정치 가문의 맏딸로 태어났다. 그의
부친인 줄피카르 알리 부토(Zulfikar Ali Bhutto : 1928~1979)는 1970년대
파키스탄 대통령과 총리를 두루 거친 거물 정치인이자, 파키스탄 최대
정당 중 하나인 PPP를 창당한 주인공이다.

미국의 하버드 대학교와 영국의 옥스퍼드 대학교 등을 다닌 부토는
1979년 부친이 군부에 체포돼 석연찮은 이유로 처형되면서 정치권과
인연을 맺게 되었다.

철권을 휘두르던 무하마드 지아 울 하크(Mohammad Ziaul Hag :
1924~1988) 장군이 1988년 8월 갑작스럽게 숨지자 이어 치러진 총선에
서 부토가 이끈 인민당은 압도적인 승리로 제1당 자리를 꿰찼다.

그해 12월 그녀는 연립 정부를 구성하고 불과 서른다섯 살의 나이에
이슬람권 첫 여성 총리에 올랐다. 하지만 1990년 들어 그녀를 둘러싼
부패 스캔들이 불거지면서, 부토는 정권을 내주고 말았다.

1993년 치러진 선거에서 재집권에 성공했지만, 다시 부패 스캔들이 그녀의 발목을 잡으면서 집권한 지 3년여 만에 다시 권좌에서 물러나는 부침을 겪었다.

* 1979년 4월 4일 '파키스탄의 전 총리, 부토가 사형당하다' 참조

1685년 10월 18일

프랑스의 루이 14세, 낭트 칙령 폐지

절대 왕정 시기에 전쟁과 지나친 사치로 국가 재정은 바닥을 드러냈고 위그노들의 대대적인 이주로 프랑스 경제는 나날이 기울어 갔다. 저 멀리 프랑스 대혁명의 움직임이 시작됐다.

1598년 프랑스 국왕 앙리 4세(Henri Ⅳ : 1553~1610)는 30여 년에 걸친 신·구교도 사이의 분쟁을 잠재우기 위해 낭트 칙령을 발표하여 신교도의 종교 자유를 인정해 주었다.

그러나 1643년 5월에 왕위에 오르며 절대 왕권을 휘두른 루이 14세 (Louis ⅩⅣ : 1638~1715)는 신교도의 종교 활동을 금지하고 가톨릭만을 프랑스의 종교로 인정하였다.

그러다 1685년 10월 18일에는 마침내 낭트 칙령을 폐지하여 신교도의 종교 자유를 빼앗고 신교도의 교회를 허물도록 하였다.

신교도인 위그노들은 종교 자유의 보호막이었던 낭트 칙령의 폐지로 영국을 비롯한 유럽 전 지역과 미국으로 이주를 해야만 했다.

약 30만 명에 달하는 위그노들 중에는 상당수의 상인과 수공업 장인들
이 있었기에 그들의 이주로 인해 프랑스 경제는 큰 타격을 입게 되었다.

* 1598년 4월 13일 '프랑스의 앙리 4세, 낭트 칙령에 서명' 참조
* 1643년 5월 14일 '루이 14세, 5세의 나이로 프랑스의 왕이 되다' 참조

—

1867년 10월 18일

미국, 러시아로부터 알래스카 매입

—

알래스카는 1741년 러시아의 표트르 대제에게 고용된 덴마크인 베링
에 의해 발견되었다. 이후 러시아 모피 상인들이 이곳으로 이주해 왔으
며, 18세기 말에는 러시아-아메리카 회사가 모피 무역을 독점하고 19세
기 초까지 번영을 누렸다.

하지만 러시아는 영국이 알래스카를 강점할지도 모른다는 생각에
1867년 10월 18일 미국에게 알래스카를 매각하였다. 1ha당 5센트로 환
산한 아주 헐값이었다.

미국인들은 이 거래를 가장 어리석은 거래라고 비난하며 매매를 성사
시킨 '국무장관 스워드의 어리석은 행위'라는 의미의 Seward Folly라고
불렀다.

하지만 이후 알래스카에서는 금광과 유전이 발견되어 미국에 상당한
부를 안겨 주었다. 알래스카는 금, 석유, 천연 가스 등이 생산되고, 삼림
자원과 수산 자원도 풍부한 땅이었던 것이다.

결국 알래스카는 1959년 1월 3일 미국의 49번째 주州로 편입됐다.

* **1959년 1월 3일 '알래스카, 미국의 49번째 주로 포함' 참조**

1941년 10월 18일

독일 스파이 리하르트 조르게 체포

리하르트 조르게(Richard Sorge : 1895~1944)는 1895년 러시아의 사분치에서 태어났다. 아버지는 독일인 유전 기술자였고, 어머니는 러시아인이었다. 친조부의 형제였던 프리드리히 조르게는 공산주의 이론가인 마르크스의 동지였다.

조르게는 1914년 10월 제1차 세계 대전에 학도병으로 참전하였다가 손가락 세 개를 잃는 부상을 당했다. 그는 병원에서 만난 의사를 통해 공산주의 사상에 빠졌고, 이내 소련을 찬양하는 골수 공산주의자가 됐다.

이후 그는 「도이체 게트라이드 차이퉁」에 위장 취업하여, 일본으로 입성하였다. 거기에서 그는 세기의 스파이로 불릴 만큼 정확하고 유리한 정보들을 독일의 적국인 소련에 제공했다. 특히 독일의 소련 침공 일자를 정확하게 알렸고, 일본 관동군이 시베리아를 칠 계획이 없다는 사실도 알렸다. 그의 이러한 활동은 연합국의 승리에 큰 기여를 하였다.

하지만 그는 좁혀 오는 일본 경찰의 포위망을 뚫지 못하고 1941년 10월 18일에 체포되었다. 그리고 3년 후인 1944년 11월, 49세의 나이로 사형에 처해졌다.

10월의
모든 역사

10월 19일

1935년 10월 19일

중국 공산당 부대 홍군, 대장정을 끝내다

"산이여, 달리는 말에 채찍질하며 멈추려 하지 않았네. 놀라워라 고개 돌려 바라보니 하늘이 코앞이네.

산이여, 강과 바다를 뒤엎을 큰 파도가 몰려오네. 서둘러 말을 몰아 달리니 싸움이 한창이네.

산이여, 저 푸른 하늘 뚫고 오를 만큼 그 기세 대단하네. 하늘이 무너지려는데 그 사이에 버티고 서 있네."

-마오쩌둥, 「십육자령十六字令」

1925년 쑨원(孫文 : 1866~1925)이 세상을 떠난 후 실권을 잡은 장제스(蔣介石 : 1887~1975)는 공산당 토벌에 박차를 가하였다.

특히, 장제스의 국민당 군대는 1930년부터 1934년까지 장시 성江西省과 푸젠 성福建省 경계 지역에 있던 중국 공산당 근거지를 파괴하기 위해 4차례에 걸쳐 섬멸 작전을 전개하였다.

하지만 1930년 주석에 오른 마오쩌둥(毛澤東 : 1893~1976)은 유격전으로 국민당의 공세를 잘 막아냈다. 우세한 병력에도 불구하고 공산당 토벌에 실패한 국민당은 1933년 8월 대대적인 제5차 토벌 작전을 감행하였다.

이 무렵 마오쩌둥은 권력 투쟁에서 쫓겨난 상태였고, 권력을 장악한 당 지도부는 국민당 군대에게 정규전으로 맞섰다. 그러나 병력이 훨씬 많은 국민당군을 홍군紅軍이 정규전으로는 이길 수 없었다. 100만 명의 병력과 전차, 비행기를 투입하여 국민당군은 공산당 거점 지역에 대한 경제 봉쇄 조치까지 취하며 홍군을 위협하였다.

장제스의 다섯 번째 홍군 토벌이 성공할 기미가 보일 무렵, 1933년 말 푸젠 성 지역에서 반란이 일어나 급히 군대를 파견하여 진압해야만 했다. 반란을 진압한 장제스는 1934년 4월 기세를 몰아 홍군을 집중 공격하여 궁지로 몰아갔다.

장시 성 서금瑞金을 중심으로 국민당의 공세를 막아내기 바빴던 홍군은 그해 10월 초 포위망을 뚫고 탈출할 것을 결정하여 10월 16일 서금을 버리고 뿔뿔이 흩어졌다. 대서천大西遷 · 장정長征으로 불리는 대장정大長征이 시작된 것이다.

이처럼 대장정의 시작은 국민당의 공세에 밀려 도망치는 것에 급급하였고, 10만 명이 출발하여 구이저우 성貴州省 준의遵義에 도착했을 때는 겨우 3만여 명에 불과하였다.

장정을 시작한 지 두 달이 지난 1935년 1월 홍군은 준의에서 10여 일간 휴식을 취하며 중앙 정치국 확대 회의를 열었다. 마오쩌둥은 홍군이 장제스의 포위 공격에 대해 방어 위주의 전략을 펼친 것을 비판하였고 여러 군사 지도자들은 그의 의견을 지지하였다. 이어서 운남 · 귀주 · 사천 지역에 홍군의 새로운 근거지 확립을 결의하였고 마오쩌둥은 정치국 상임위원으로 복귀하여 당과 군의 중심인물로 급부상하였다.

그리고 이 회의를 통해 마오쩌둥은 공산당 내에서 자신의 지도력을 공식적으로 인정받아 혁명 운동을 새롭게 시작할 수 있는 계기를 만들었다. 준의에서 열린 회의는 낭떠러지에 몰린 공산당과 홍군 그리고 중국의 혁명을 위기에서 구해 낸 커다란 전환점이었다.

홍군은 장정을 계속하면서 국민당 군대의 수색 작전을 교란하였고 동시에 중국 서쪽 지역으로 먼 길을 우회하면서 북쪽으로 향하였다. 그리고 1935년 10월 19일 산시 陝西省 연안 延安 부근에 도착하였다.

이로써 1년 동안 국민당 군대와의 크고 작은 전투에서 수많은 희생을 치르며 18개의 산맥과 17개의 강을 넘고 12개의 성을 가로지른 1만 2,000km의 대장정이 끝을 맺었다.

홍군이 연안에 도착했을 때 맨 처음 출발했던 10만여 명 가운데 목표 지역에 도착한 사람은 7,000여 명에 불과했다. 1921년 공산당 성립 이후 10여 년간 중국 동부와 남부 지역에서 이룩했던 혁명의 성과는 수포로 돌아가 북부의 한 산기슭에서 새 출발을 다짐해야만 했다.

하지만 대장정을 통해 마오쩌둥은 공산당 내부의 절대적인 지지를 받을 수 있었고, 일제에 항거하며 북쪽으로 진군한다는 구체적인 목표를 세워 중국 혁명 성공의 밑거름이 되었다.

홍군은 2억여 명이 살고 있는 지역을 지나면서 대중 집회를 열고 연극 공연을 하여 선전 선동 운동을 펼쳐 나갔다. 자산 계급에게 높은 세금을 걷고 지주 계급의 재산을 몰수하여 빈민들에게 나눠주는 한편 수많은 노예들을 해방시켜 그중 일부는 홍군의 일원으로 합류하였다.

홍군이 농업 개혁의 목적과 그들의 항일 투쟁 방향을 설명하자 수백만 명의 빈민들은 그들의 말에 귀 기울이기 시작했다.

이로써 대장정을 경험한 각 지역에서 공산당 혁명의 지지 세력이 생겨나 이후 공산당이 중국 전 지역을 장악하는 토대가 만들어졌다.

* 1927년 4월 12일 '장제스, 상하이에서 반공 쿠데타를 일으키다' 참조

1745년 10월 19일

영국의 작가 조나단 스위프트 사망

'걸리버 여행기가 영국만을 풍자한 것이라면 아주 보잘것없는 작품입니다. 유럽 온 나라에서 소설 속의 인간들이 저지른 못된 짓과 어리석음이 보입니다. 만일 한 지역, 한 나라, 한 시대만을 위해 글을 쓰는 작가라면 읽을 가치가 없습니다.

— 스위프트,「편지」

성직자이기도 했던 조나단 스위프트(Jonathan Swift : 1667~1745)는 『걸리버 여행기』를 쓴 작가로서 더 널리 알려져 있다. 그는『걸리버 여행기』에서 인간의 그릇된 사고와 행동들을 거침없는 풍자를 통해 보여

준 작가였다.

『걸리버 여행기』는 소인국, 거인국, 하늘을 나는 섬의 나라, 말들의 나라를 차례로 여행하는 전체 네 단락으로 이뤄진 작품이었다. 소설 속에서 보여 주는 인간은 정신적으로나 육체적으로 혐오스럽게 그려지며 욕심과 어리석음으로 가득 찬 인물들이었다.

소인국에서 소인들은 서로 헐뜯기에만 열중하여 험담을 늘어놓는데 바빴는데 이것은 영국 교회의 불화를 꼬집은 내용이었다. 스위프트는 거인국에서 정반대의 상황에 부딪치게 하였다. 거인들의 눈에는 걸리버가 단지 조그마한 애완동물이나 장난감처럼 보였기에 이성을 가진 인격체로서 대우를 받지 못하였다.

걸리버는 부질없는 자만심에 가득 차 거인국의 왕에게 영국의 법률·정치·전쟁·경제·학문을 비롯하여 무기의 발명과 파괴력에 대한 찬사를 읊어댔다. 그의 자랑을 끝까지 들은 왕이 내린 인간에 대한 결론은 이렇다.

"인간은 이 세계에 기어 다니는 제일 역겨운 해충이로군."

동화로서 많이 알려진 소인국과 거인국의 이야기 이외에 하늘을 떠다니는 섬나라와 말들의 나라 이야기는 상대적으로 덜 알려져 있다. 세번째 하늘을 나는 섬의 나라 '라퓨타Laputa'에서 걸리버는 지식인들의 감춰진 모습을 보게 된다. 그 나라의 사람들은 볼품없는 것들을 품위 있는 것인 양 우겨대고 권력을 가진 자들은 힘없는 이들을 마구 짓누르며 살아간다.

네 번째 말들의 나라에 간 걸리버는 온몸이 털로 뒤덮인 원숭이처럼 생긴 동물들에게 공격을 당한다. 그 순간 어디선가 말 한 마리가 나타나 위기에서 걸리버를 구해 주고 그를 데려가 말들의 언어를 가르쳐 준다. 걸리버를 공격했던 동물은 '야후Yahoo'로서 아무런 이성도 없는 무식하고 지저분한 존재였다.

그 나라의 주인인 말들은 야후들을 노예로 부리는 이성적인 무리였다. 걸리버는 그런 말들에게 마음이 끌려 그들과 함께 살고자 한다. 하지만 인간 세상의 이야기를 전해 들은 말들은 인간에 대해 거부감을 나타내고 걸리버를 내쫓아 버린다.

스위프트는 1667년 아일랜드의 수도 더블린에서 태어나 1701년 영국 옥스퍼드 대학교에서 신학박사 학위를 받고 성공회 신부가 되었다. 성직자로서 정치적 야심을 가지고 있었지만 좌절되었고, 탐욕은 물론 당시 지식층의 오류를 지적하고 비판하는 글들을 많이 발표하였다.

『통 이야기』『책의 전쟁』등의 작품을 남겼으며, 노년에 정신병으로 고생하다가 1745년 10월 19일 78세를 일기로 사망하였다.

1987년 10월 19일

미국 주식 대폭락 블랙 먼데이 발생

증권 시장에서 주식 가격의 대폭락을 일컬어 '블랙 먼데이Black Monday'라고 부른다. 블랙 먼데이는 대공황의 시작이었던 1929년 10월 24일 목요일, 미국 주식 시장의 주가가 대폭락하여 '암흑의 목요일'이라 부른 데서 비롯됐다.

1987년 10월 19일 월요일, 미국 뉴욕의 주식 가격이 대공황 시기의

폭락을 훨씬 뛰어넘은 사상 최대인 508포인트가 폭락하였다. 개장 초
반부터 대량의 팔자 주문이 쏟아지면서 하루 만에 주가가 22.6%나 빠
진 것이었다.

역설적인 것은 이날 폭락의 명확한 원인 규명이 초기부터 제대로 이
뤄지지 않았다는 것이다. 미국 대통령 직속 특별 위원회, 미국 회계 검
사원 등이 대폭락의 원인 규명에 매달렸지만 왜 그런 일이 벌어졌는지
알아내는 데 오랜 기간이 걸렸다.

이 폭락의 여파로 영국 · 일본 · 홍콩 등 전 세계 주식 시장에서도 연
이은 주가 대폭락이 이어졌다.

이후에도 1997년 10월 27일 월요일, 1998년 8월 31일 월요일에 주
가가 대폭락하면서 2차 · 3차 블랙 먼데이가 발생하였다.

* 1929년 10월 24일 '뉴욕 주가 폭락으로 대공황 시작' 참조

10월의
모든 역사

10월 20일

976년 10월 20일

송나라의 태조 조광윤이 급사하다

송 태조太祖는 개국 공신들이 자신을 해칠까 염려하다가 술자리에
신하들을 불렀다.

"짐이 그대들의 충정을 모르는 바 아니나 그대들이 병권兵權을 포기
한다면 여생을 편안히 보낼 수 있도록 하겠소. 서로간의 의심도 없
앨 수 있는 길이 아니겠소?"

신하들은 모두 사직하고 황제가 하사한 땅으로 내려가 여생을 편
히 보낼 수 있었다.

당나라 멸망 후 50여 년 동안 중원中原에서는 후량後梁 · 후당後唐 · 후진 後晉 · 후한後漢 · 후주後周 등의 다섯 왕조가 이어졌다. 같은 시기 남부와 산서山西 지역에서는 당나라 말, 절도사節度使들이 세운 오吳 · 남당南唐 · 오월吳越 · 민閩 · 초楚 · 남한南漢 · 전촉前蜀 · 후촉後蜀 · 형남荊南 · 북한北漢 등의 열 왕조가 지속되었다. 이 시기를 일컬어 '오대 십국五代十國' 시대 라고 한다.

십국을 연 사람들은 대부분 절도사 출신의 무관武官이었기에 옛 제도 는 파괴되고 예의와 질서는 사라져 갔다. 끊임없이 이어지는 전란으로 백성들은 처참하게 살아갔으며 가혹한 수탈이 지속되자 농민들은 농지 를 버리고 유랑민이 되었다.

오대의 마지막 왕조였던 후주의 세종(世宗 : 921~959)이 즉위한 후 통일의 움직임이 시작되면서 조광윤(趙匡胤 : 927~976)은 십국을 하나 씩 허물어뜨렸다. 그런데 세종이 병이 걸려 39세의 나이로 죽자 아들 공제(恭帝 : 953~973)가 황제의 자리에 올랐다.

그러나 혼란기에 병사들은 어린 황제보다 금군禁軍 총사령관인 조광 윤을 따랐다.

"이제 우리에게 주군이 없다. 장군을 천자로 세우자."

이들은 결국 자고 있는 조광윤에게 억지로 천자의 옷을 입힌 후 왕의 자리에 올렸다. 이로써 960년에 송나라가 건국되었고 오대의 역사는 끝났다.

조광윤은 송의 태조가 되어 황제권을 강화해 나갔고 후주 세종의 정 책을 이어 중국의 남쪽 지역을 정복해 나갔다.

그리고 유신의 반란을 진압하여 화북의 땅을 확보하고 963년 이후 형남·호남·후촉·남한·남당 등의 강남 및 사천의 국가들을 병합하여 중국 북방을 거의 통일하였다.

또한 안으로는 유학자 출신 조보의 충고를 받아들여 무인 정치를 폐하고 문치주의에 의한 중앙 집권적 관료제를 확립하였다. 즉 절도사 지배 체제를 폐지, 중앙에 민정·병정·재정의 3권을 집중하고 금군을 강화하여 황제의 독재권을 강화하였다.

지방 통치를 위해서는 전국에 파견되는 관료의 채용을 위한 과거 제도를 정비하고 최종 시험을 황제 스스로 실시하는 전시殿試를 시작하였다.

그리고 수리 건설 사업을 추진하고 황무지를 개간하여 농토로 조성하거나 식수조림을 장려하기도 했다. 대부분의 개국 황제들이 후환을 없애기 위해, 이전 군주들을 죽인 것에 반해 조광윤은 후주의 시씨를 시작으로 항복한 나라들의 군주들을 살리고, 귀족으로서의 지위도 보장하였다.

이러한 개혁을 서서히 점진적으로 시행함으로써 구舊 귀족 및 지방 호족 세력의 반발을 최소화하였다. 그러면서 새로 선발한 관료들의 수를 점차 늘려 나갔다.

그러나 끝내 중국 통일을 지켜보지 못하고 976년 10월 20일 갑자기 세상을 떠났다. 이후 동생인 조광의(趙廣義 : 939~997)가 황제가 되었다.

—

2011년 10월 20일

리비아의 독재자 카다피 사살

—

1969년 9월에 무아마르 알 카다피(Muammar al- Qaddafi : 1942~2011)
는 비밀 군사 조직인 '자유 통일 장교단'을 중심으로 쿠데타를 일으켜
집권에 성공하였다. 이후 42년 동안 리비아는 카다피 일인에 의한 독재
체제 상태를 유지하였다.

그러나 2011년 아랍의 봄과 함께 리비아에도 카다피 독재에 반발하
는 반정부 시위가 2월 15일을 기점으로 발생하기 시작하였다. 카다피
지지 세력과 카다피에 반대하는 반反카다피 세력 간에 충돌이 벌어진
것이었다.

처음에는 평화적인 반정부 시위로 시작되었다. 하지만 반정부 시위
의 물결은 리비아 전역으로 확대되며 봉기 수준으로 격화되었고, 반카
다피 세력은 벵가지에서 카다피 세력을 축출하였다. 이어 민주적인 선
거를 목표로 하는 국가 과도 위원회를 설립하였다.

국제 연합 안전 보장 이사회는 초기에 카다피와 그의 측근 인사 10
명의 자산을 동결하고 여행을 제한하는 결의를 통과시켰다. 이 결의에
는 카다피 정부가 벌인 행각에 대한 국제 형사 재판소의 조사가 언급되
었다. 이후 카다피 체포영장이 발부되었다.

3월부터는 본격적인 전쟁 상태에 들어갔으며, 그 후 치열한 공방전
이 전개되었다. 그해 8월 반카다피 세력이 수도 트리폴리를 장악하여
그의 아들 둘을 생포했다. 그리고 10월 카다피의 고향인 시르테를 공격
하여 10월 20일에 그를 사살하였다.

* 1969년 9월 1일 '리비아의 카다피, 쿠데타로 집권' 참조
* 2011년 2월 15일 '리비아, 반정부 시위 시작' 참조

1973년 10월 20일

오스트레일리아 시드니 오페라 하우스 완공

1954년 오스트레일리아 뉴사우스 웨일즈 주 정부의 제의로 탄생된 시드니 오페라 하우스는 조개껍데기를 연상시키는 모습의 세계적인 건축물이다.

1957년 전 세계에 설계를 공개 모집하였으며, 덴마크의 건축가 요른 웃존(Jorn Utzon : 1918~2008)의 설계안이 최종 선정되었다. 하지만 그의 작품은 공학적인 고려 없이 설계하였다는 비판을 받기도 하였다. 그리고 한때 예산이 부족하여 건설이 중단되기도 하였다.

이런 우여곡절 끝에 1967년 건설이 다시 진행되어 예정보다 9년이나 늦은 1973년 10월 20일에 완공할 수 있었다.

시드니 오페라 하우스는 하버브리지의 남동쪽에 위치하며, 극장과 녹음실, 음악당, 전시장을 갖추고 있다. 2007년에는 유네스코 선정 세계 문화 유산으로 지정되었다.

2012년 현재 오페라뿐 아니라 현대 음악, 발레, 드라마와 댄스 공연, 각종 단체 행사가 진행되는 세계적인 공연 예술 장소로 각광을 받고 있다.

10월의
모든 역사

10월 21일

■
■
■

1805년 10월 21일

영국의 넬슨 함대, 트라팔가 해전에서 승리하다

넬슨은 트라팔가 전투 전에 '영국은 모든 이들이 자신의 책임을 다할 것을 기대한다.'라고 쓴 깃발을 내걸었다. 깃발을 본 영국군은 넬슨의 뜻대로 있는 힘껏 나폴레옹 함대를 공격하였다.

　19세기 초의 유럽 대륙은 나폴레옹 황제가 이끄는 프랑스 제국의 지배하에 놓여 있었다. 하지만 해상은 여전히 영국이 지배권을 확보하고 있었다. 영국은 해상 봉쇄를 통해 프랑스의 해군력을 억제하고, 본토 침공을 막고 있었다.

　나폴레옹은 이러한 상황을 타파하기 위해 해상 봉쇄를 돌파하라는 명령을 내렸다. 이에 프랑스와 스페인은 연합 함대를 편성하였다. 그리고 불로뉴 항구에 35만 명의 원정군이 집결하였다. 이들은 영국 본토 상륙을 엄호하라는 명령을 받았다.

　영국은 그것을 저지하기 위해 호레이쇼 넬슨(Horatio Nelson : 1758~1805) 제독의 함대를 보냈다. 호레이쇼 넬슨은 가로로 길게 늘어선 채 다가오는 나폴레옹 함대의 중앙을 집중 공격하여 적군의 기세를 꺾었다. 이른바 '넬슨 터치'라고 하는 전법이었다.

　연합 함대는 수적으로는 우세하였지만, 스페인 해군과 섞여 있었기 때문에 지휘 계통도 복잡하고, 사기나 숙련도가 낮았다. 또한 함재포를 발사하는 속도도 3분에 1발로 뒤떨어지고 있었다. 그러나 영국 해군은 사기나 숙련도가 높고, 발사 속도도 1분 30초에 1발로 우수했다.

　해전이 끝났을 때 연합 함대는 격침 1척, 포획 파괴 18척, 전사 4,000명, 포로 7,000명의 피해를 입었다. 반면에 영국은 전사 400명, 부상 1,200명이라는 비교적 가벼운 피해로 끝났다. 물론 침몰한 배는 한 척도 없었다.

　하지만 넬슨 제독은 치열한 전투가 벌어지는 와중에 적군의 총탄에 왼쪽 어깨를 맞아 장렬한 전사를 하였다. 넬슨은 죽는 순간 "나는 내 책임을 다했다. 하나님께 감사드린다."는 한마디를 남긴 채 눈을 감았다. 1805년 10월 21일의 일이었다.

넬슨은 열두 살의 어린 나이에 해군에 입대하여 스무 살에 함장에 올랐다. 그리고 1793년에 프랑스와 전쟁이 일어나자 10여 년 동안 전투에 참가했다.

1794년에는 코르시카 상륙 작전을 지휘하던 중에 파편을 맞아 오른쪽 눈을 잃었다. 3년 후인 1797년에도 산타크루즈 점령 작전에서 부상을 당해 오른팔을 잃고 말았다.

스페인 트라팔가에서 벌어진 해전은 나폴레옹의 운명을 결정지은 해상 결투였다. 영국 함대 41척과 프랑스 · 스페인 연합 함대 33척이 맞부딪쳐 결전을 벌인 끝에 승리의 여신은 나폴레옹을 외면하고 말았다.

나폴레옹은 이 해전의 패배로 대부분의 해군 전투력을 상실하여 해상 통제권을 영국에게 넘겨주어야 했다. 반면에 영국은 유럽의 해상 통제권을 장악하여 19세기 식민지 확장에 큰 기틀을 만들 수 있었다.

___

1833년 10월 21일

스웨덴의 발명가 노벨이 태어나다

___

노벨상은 1901년부터 물리 · 화학 · 의학 · 문학 · 평화 등 5개 부문에 수여되었다. 경제학상은 1968년 스웨덴의 중앙은행인 리크스방크 설립 300주년 기념으로 만들었는데, 당시 노벨재단은 리크스방크가 상금을 재단에 기탁하는 조건으로 노벨상에 포함시켰다.

'죽음의 상인商人 사망하다'

알프레드 노벨(Alfred Bernhard Nobel : 1883~1896)은 1888년 4월 자신이 죽었다는 신문 기사를 접하고 씁쓸한 웃음을 지어야 했다. 노벨의 형인 루트비히 노벨이 죽은 것을 신문사가 잘못 알아 벌어진 일이었다. '죽음의 상인'이라고 한 것은 이유가 있었다. 다이너마이트의 발명으로 노벨은 갑부가 되었지만 여러 전쟁에서 폭탄으로 수많은 인명을 해쳤기 때문이었다.

노벨은 1833년 10월 21일 스웨덴 스톡홀름에서 태어났다. 그는 발명가이자 공학자였던 아버지의 영향을 받으면서 자라났다. 이후 노벨은 1850년 미국으로 가서 기계공학을 배웠으며, 크림 전쟁 후에는 아버지의 사업을 도와 질 좋은 폭약을 만들기 위해 연구하였다.

1863년 니트로글리세린과 흑색 화약을 혼합한 폭약을 발명하고, 그 이듬해 뇌홍雷汞을 기폭제로 사용하는 방법을 고안하여 아버지, 동생과 함께 이것의 공업화에 착수하였다.

하지만 투명한 액체 폭발물 니트로글리세린은 작은 충격에도 폭발하는 사고가 자주 발생했다. 운반 또한 위험하여 적은 양이 새어 나와도 큰 사고로 이어지곤 했다. 니트로글리세린을 담은 깡통을 나무 상자에 넣어 움직이지 않도록 틈새를 톱밥으로 채워 운반할 정도였다. 그런 노력에도 불구하고 액체가 새어 나와 사고는 끊이지 않았다.

노벨은 안전하게 다룰 수 있는 폭발물 제조에 열중했는데, 1864년 기폭장치를 이용한 니트로글리세린 폭발에 성공하여 '뇌관'의 특허를 땄다. 노벨의 한 공장에서 톱밥을 대신하여 흙을 이용했는데, 신기하게도 그 흙이 새어 나온 액체를 흡수하여 상자 밖으로 흘러나오지 않았던 것이다.

노벨은 1867년 '규조토硅藻土'라는 흙을 막대기 모양으로 만들어 니트

로글리세린에 적신 다이너마이트를 개발하였다. 광산이나 건설 현장에
서 앞다퉈 다이너마이트를 사 갔고 전쟁 무기로써도 그 위력을 인정받
아 쉴 새 없이 만들어야 했다.

노벨의 사업은 나날이 번창하였고 평생을 독신으로 지내면서 전 세
계를 돌아다녔다. 문학에도 재능이 있어 희곡·소설·시를 썼지만 출
간하지는 않았다. 그는 민주주의를 신뢰하지 않았으며 여성에 대한 참
정권 부여에 반대하였다.

노벨은 협심증으로 고생하다가 1896년 12월 이탈리아의 한 별장에
서 뇌출혈로 세상을 떠났다. 그가 세상을 떠날 당시 노벨은 350여 개의
특허를 보유하고 있었고, 그의 폭탄 제조 공장 90여 개에서 6만여 톤의
폭약이 생산되고 있었다.

1897년에 그의 생존 당시 7년 간에 걸쳐 세 차례나 수정했던 노벨의
유언장이 공개되었다. 자신의 거의 모든 재산을 털어 재단을 만들어 매
해 다섯 개 분야에서 인류에 공헌한 이들에게 상과 상금을 주도록 한
것이다.

1967년 10월 21일

이스라엘의 아일라트호 격침 사건 발생

1967년 10월 21일 이집트의 포트사이드 부근에서 무력 시위 중이던
이스라엘 해군 소속 아일라트호가 이집트 해군의 스틱스 대함미사일을
맞아 격침되었다. 격침된 아일라트호는 제2차 세계 대전 당시에 건조
된 함정으로, 1,730t의 영국제 구축함이었다.

이날 이집트 해군 소속 코마급 고속정이 고속으로 접근한 후 스틱스 미사일을 4발 발사하였다. 4발 모두 명중하여 함정은 침몰하였고, 이스라엘 해군 47명이 사망하였고 91명이 부상하였다.

이스라엘 해군도 함대함 미사일의 존재를 알고 있었으나, 어떻게 대처해야 할지에 대해서는 사전 정보가 전무했다. 그런 상태에서 기습 공격에 당한 것이었다. 이를 스틱스 쇼크라고도 부른다. 이 사건은 해전 사상 처음으로 함대함 미사일을 이용한 해전으로 기록되었다.

이스라엘은 이 사건 이후 구축함 대신 중형 고속정 중심으로 전략을 바꾸었다. 서방 각국 또한 이에 자극받아 함대함 미사일 개발 및 실전 투입에 박차를 가하였다.

1969년 10월 21일

덴마크, 세계 최초의 성性 박람회 개최

1969년 10월 21일 덴마크의 수도 코펜하겐에서 세계 최초로 성性 박람회가 개막하였다. 이 박람회를 관람하려고 세계 각국에서 사람들이 몰려들었다.

이와 같은 폭발적인 관심을 모은 이 박람회는 개막식부터 파격적이었다. 수염을 기른 2명의 대회 개최자가 대회장 입구에 걸쳐 놓은 여자의 속옷을 가위로 잘라 자름으로써 테이프 커팅을 갈음한 것이었다.

개회사도 일장의 연설 대신에 반나체의 한 아가씨를 연단에 올려놓고 온몸에 페인트칠을 함으로써 전례를 깼다.

전시대에는 인간이 상상할 수 있는 모든 각도와 상상조차도 할 수 없

는 폼으로 찍은 성기의 사진들로 장관을 이루었고, 가슴을 온통 드러내
놓은 토플리스 안내양이 있는가 하면 가랑잎으로 국부를 겨우 가린 남
자악단들이 비틀즈 선율을 연주했다.

　관광객을 유치해서 막대한 외화를 버는 데 목적이 있었던 성 박람회
는 6일 동안 열리며 사람들의 호기심을 충분히 자극하였다.

　이후 성 박람회는 세계 각국으로 퍼져 나갔다.

10월의
모든 역사

10월 22일

1811년 10월 22일

헝가리 작곡가 리스트가 태어나다

1838년 3월 헝가리가 대홍수로 큰 피해를 입자, 리스트는 이재민들을 돕기 위해 빈에서 음악회를 개최하여 수익금을 모두 헝가리 이재민에게 기부하였다. 슈만의 아내 클라라 비크는 "리스트와 같은 연주가는 더 이상 없다. 그의 열정은 헤아릴 수 없다."고 말하였다.

헝가리의 작곡가 프란츠 리스트(Franz Liszt : 1811~1886)는 같은 시기 활동했던 리하르트 바그너(Wilhelm Richard Wagner : 1813~1883)와 견줄 정도로 영향력 있는 19세기 낭만파 음악의 거장이다.

1811년 10월 22일 오스트리아의 빈에서 태어난 리스트는 어려서부터 피아노 연주에 뛰어난 재능을 보여 주었다. 1820년 9세 때 에덴부르크에서 연주회를 열어 재주를 뽐냈고 그를 지켜본 귀족들이 학비를 지원하여 10세 때부터 정식 음악 수업을 받았다. 피아노 교본으로 널리 알려진 카를 체르니(Carl Czerny : 1791~1857)에게 피아노를 배웠고, 안토니오 살리에리(Antonio Salieri : 1750~1825)에게 작곡을 배웠다.

1828년부터는 본격적인 연주 활동을 시작하였다. 젊은 시절 파리에서 리스트는 프레데리크 프랑수아 쇼팽(Fryderyk Franciszek Chopin : 1810~1849)과 절친한 친구 사이로 지냈다. 그들은 선의의 경쟁을 벌이며 각자의 재능과 개성을 키워 갔다.

리스트는 쇼팽에게 운명의 여인 조르주 상드(George Sand : 1804~1876)를 만나게 해 주었고, 로베르트 알렉산더 슈만(Robert Alexander Schumann : 1810~1856)과 함께 쇼팽을 천재적인 음악가로 사람들에게 소개하기도 하였다. 리스트는 뛰어난 음악적인 재능 이외에 사람을 끌어들이는 능력까지 갖춘 작곡가였다.

쇼팽이 자기의 곡을 리스트에게 준 적이 있었는데, 그 곡을 리스트가 피아노로 연주하는 것을 듣던 쇼팽이 깜짝 놀라 말했다.

"내 곡이 이렇게 아름다운 줄 미처 몰랐어! 자네가 내 곡을 연주하면 내 작품에 대한 애정이 절로 생겨나는군."

리스트는 36세 때인 1847년부터 창작 활동에 전념하여 낭만파 시대 음악가로서는 드물게 다양한 작품을 수없이 만들어냈다.

39세 때에는 세 개의 피아노곡인 「사랑의 꿈」을 작곡했는데 그중에 가장 유명한 곡이 「제3번 내림 가장조」였다. 원래 이 곡은 독일 시인 프릴리 그리트의 시에 곡을 붙인 가곡이었는데 리스트가 피아노곡으로 편곡하였다.

리스트는 슈만의 「환상 교향곡」의 영향을 받아 관현악에 시적詩的 영감을 불어넣어 음악적으로 표현한 교향시交響詩의 창조자였다.

대표 작품으로 「피아노 협주곡 A장조」「단테교향곡」「파우스트 교향곡」「헝가리광시곡」 등이 있다.

1886년 7월 폐렴에 걸려 75세를 일기로 사망하였다.

* 1810년 3월 1일 '피아노의 시인 프레데리크 쇼팽 태어나다' 참조
* 1883년 2월 13일 '독일 작곡가 빌헬름 바그너 사망' 참조
* 1856년 7월 29일 '독일 작곡가 슈만, 세상을 떠나다' 참조

—

1938년 10월 22일

미국의 칼슨, 세계 최초의 건식 복사기 발명

—

제로그라피xerography라 불리는 기술은 1937년 미국의 칼슨에 의해 처음 고안되었는데, 현상現像할 때 물이 필요 없는 건식 방식으로서 보통 종이에 복사하는 것이다. 빛을 받으면 정전기를 발생하는 감광 드럼이 핵심 부품이다.

체스터 칼슨(Chester Carlson : 1906~1968)은 1930년대 뉴욕의 한 전기 기술회사 특허부에서 일하고 있었다. 그는 특허를 1장씩 복사할 때마다 소모되는 시간과 돈을 아깝게 생각하며 편리한 방식의 복사기 개발을 꿈꿨다. 기존의 복사는 습식濕式 방식으로 기름 종이에 냄새나는 잉크를 칠해서 찍어내야 했다.

칼슨은 1938년 10월 22일 마침내 '정전靜電 사진법'을 이용한 최초의 복사기를 만들어 냈다. 그의 복사기는 건식乾式 방식으로 정전기를 띤 금속판 위에 원고의 상像을 비추어 그 부분에만 검은 분말이 달라붙는 형식이었다.

이후 칼슨은 여러 제조 회사를 돌아다니며 복사기 특허를 팔려고 했지만 기술적인 문제로 복사물들의 상태가 좋지 않았다. 그러나 바텔 연구소가 칼슨 복사기의 가치를 알아보고 연구비를 지원해 주었다.

1947년에 제록스의 전신인 할로이드사社는 매년 2만 5,000달러의 연구비를 지급하고 제품화 이후 생기는 수입의 8%를 주는 조건으로 기술을 사들였다. 할로이드사는 칼슨의 '전기사진'이란 명칭 대신 새로운 이름을 짓기로 결정하여 1948년 오하이오 주립 대학교의 언어학 교수들에게 자문을 구하였다.

그래서 그리스어 중에 두 단어 'Xeros(건조한)'과 'Graphein(문서)'를 합성하여 건식 문서라는 뜻의 '제로그래피Xerography'란 이름을 만들어 냈다.

1962년 10월 22일

미국 케네디 대통령. 쿠바 봉쇄

소련은 쿠바의 피델 카스트로(Fidel Alejandro Castro Ruz : 1926~)와의 합의를 통해 미국 해안에서 불과 120km 떨어진 쿠바에 핵탄두를 실을 수 있는 사정거리 1,700~3,500km 미사일을 배치하려 했다.

미국의 대통령 케네디(John Fitzgerald Kennedy : 1917~1963)는 1962년 10월 22일 전군에 비상을 내리고 쿠바 해상 봉쇄를 명령하였다.

그러자 10월 26일 소련 서기장 흐루시초프(Nikita Khrushchyov : 1894~1971)는 미국의 쿠바 침공이 없을 경우 미사일을 철수하겠다는 서신을 보냈다.

그리고 10월 28일 소련은 미사일 철수를 공식 선언하였다. 하지만 그 전까지 전 세계는 핵전쟁의 위협에 떨어야만 했다.

* 1962년 10월 14일 '쿠바 미사일 사태가 발생하다' 참조

1883년 10월 22일

뉴욕 메트로폴리탄 오페라 하우스 개장

19세기 후반 뉴욕의 극장은 규모가 작아서 많은 수의 관중을 수용할 수 없었다. 1880년 4월 10일 오페라 하우스 건설을 위해 회의가 열려 뉴욕 각계각층의 인사들에게 성금을 조달하기로 하고 공사를 진행하였다.

그리고 3년 후인 1883년 10월 22일 뉴욕 브로드웨이 39번 가와 40번 가 사이에 세계 최고 규모의 메트로폴리탄 오페라 하우스가 들어섰다.

완공 후에는 건물 구조 문제로 본관 양편에 새롭게 건물을 추가하는 공사가 필요했다. 이후 공연이 점차 커지면서 1966년 9월 브로드웨이 63번 가로 이전 개장하였다.

2012년 현재 메트로폴리탄 오페라 하우스에서는 1년에 240회의 오페라 공연이 상연되고 있다.

10월의
모든 역사

10월 23일

1956년 10월 23일

헝가리 혁명이 일어나다

우리는 사회주의 이념에 근거한 독자적인 국가 정책을 원한다. 다른 국가와의 관계, 특히 소련과 사회주의 국가들과의 관계는 상호 평등한 조건에서 이루어져야 한다. 우리는 과거 국가 간에 체결한 여러 조약들과 협정들을 평등 정신을 반영하여 재평가하기를 요구하는 바이다.

　　　　　　　　　　-헝가리 혁명 초기 작가 연맹이 내세운 7가지 조건

1956년 10월 23일, 헝가리 부다페스트 대학교의 학생들을 중심으로 아침부터 폴란드 노동자 투쟁에 동조한 집회가 열렸다. 저녁 무렵에는 일반 시민과 노동자들도 그들의 집회에 하나둘씩 동참하여 시위대는 수만 명으로 불어났다.

공산당 서기장 라코시 마티아시(Rakosi Matyas : 1892~1971)는 라디오 방송을 통해 민주화 시위를 하는 군중들을 파시즘에 빠진 폭력 집단이라고 매도하였다. 격분한 시위대는 방송국을 점거하고 자신들의 의도를 헝가리 국민과 전 세계에 알리려 했다.

몇몇 시위대는 영웅 광장에 있는 스탈린 동상을 쓰러뜨려 끌고 다녔다. 방송국으로 갔다가 경찰에게 총격을 당한 시위대는 공장 스포츠클럽에서 총을 가져와 대항하며 도시 전역을 장악하기 시작했다. 시위대는 헝가리 공산당의 퇴진과 함께 헝가리의 민주주의 성립과 완전한 자유 독립 쟁취를 주장하였다.

이후 헝가리 전역에서 크고 작은 시위가 동시다발적으로 일어나 각 지역을 공장 평의회나 혁명 위원회가 장악하기 시작했다. 당황한 헝가리 공산당은 진압을 위해 소련군의 지원을 요청하였다.

그래서 11월 4일, 소련군은 바르샤바 조약을 근거로 내세우면서 거리낌 없이 탱크 3,000여 대와 20만 명의 병력을 파견하여 부다페스트로 들어와 헝가리 혁명을 진압했다.

헝가리 민중들이 중무장한 소련군의 공세를 막아내기엔 역부족이어서 소련군은 도시 전체를 쑥대밭으로 만들며 수천 명을 학살하였다. 그리고 20만 명이 넘는 시위 세력을 국경 건너 오스트리아로 몰아낸 후 시위를 잠재웠다.

라디오 방송국에서는 소련군에게 함락될 때까지 국제 연합UN과 서방

에 도움을 요청하였다. 그러나 중동의 수에즈 운하 지역의 분쟁 등으로
인해 미국과 영국, 프랑스 등은 동유럽 문제에 관심을 기울일 수 없었다.

이런 점을 훤히 꿰뚫고 있던 소련의 흐루시초프(Nikita Khrushchyov :
1894~1971)는 수에즈 문제의 진척을 염두에 두면서 헝가리 사태를 다
루었다. 그래서 11월 4일에 영국과 프랑스 연합군이 수에즈로 향하자
기다렸다는 듯이 헝가리에 병력을 투입하여 휩쓸어 버린 것이었다.

헝가리 혁명 진압 과정에서 헝가리 민중들은 최소 2,000여 명이 목
숨을 잃었고 사태 마무리 후에도 소련의 불공정한 재판으로 100여 명
이 처형당하였다.

헝가리 혁명은 1953년에 이오시프 스탈린(Iosif Vissarionovich Stalin :
1879~1953)이 죽은 후에 동유럽에 불어 닥친 스탈린 비판 운동에서 시
작된 것이었다.

폴란드에서는 1956년 6월에도 대규모 반정부 운동이 거세게 일어나
개혁파인 고무우카(Władysław Gomułka : 1905~1982)가 당 제1서기에
선출되기도 하였다. 하지만 정권을 장악한 라코시는 혁명을 거부하고
소련을 국내로 불러들였다.

헝가리는 10월 혁명의 열망과 아쉬움을 간직하였다. 하지만 이 경험
을 통해 헝가리는 훗날 동유럽 최초로 공산당의 민주화를 이룰 수 있었
다.

1942년 10월 23일

연합군, 알라메인 전투 승리

몽고메리는 영국의 전폭적인 지원을 받으며 독일군과 싸웠지만 롬멜은 영국군의 절반에도 못 미치는 전차와 병력으로 고군분투해야만 했다. 히틀러는 롬멜의 처지는 외면한 채 러시아 침공에만 혈안이 되어 있었다.

제2차 세계 대전 중에 이탈리아는 아프리카 전선에 아무런 준비를 못한 채 들어가 연합군에게 패배하고 말았다. 이에 독일은 이탈리아를 대신하여 연합군과 대결하였다.

'사막의 여우'라 불린 에르빈 롬멜(Erwin Johannes Eugen Rommel : 1891~1944)이 이끄는 독일군은 연합군을 계속 몰아세웠다.

롬멜은 1942년 리비아에서 연합군에 결정적인 승리를 거두어, 영국의 제8군을 이집트의 알렉산드리아까지 후퇴시켰다. 이때 연합군의 몽고메리(Bernard Law Montgomery : 1887~1976) 장군이 1942년 8월 영국 제8군 사령관으로 부임하였다.

몽고메리는 부임하기 전부터 롬멜을 상대할 방법을 준비하고 있었다. 첫 번째로 맞붙은 엘 할파야에서 그는 독일군에게 쓴 맛을 보여 주어 영국군의 사기는 하늘을 찔렀다. 하늘이 도운 것인지 롬멜이 서부 전선으로 전출되고 게오르그 시투메가 부임해 왔다.

그리고 10월 23일 알라메인에서 전투가 벌어졌다. 전투 초기 독일군이 매설해 놓은 지뢰밭 때문에 영국군은 적지 않은 피해를 입었다. 하지만 독일군의 무선 지휘소가 포격을 받고 통신망이 마비되면서 독일군은 큰 혼란에 빠졌다.

게다가 새로 부임한 시투메는 직접 각 초소를 돌며 전투를 지휘하다
가 공격을 받아 숨졌다. 롬멜은 지친 몸을 끌고 다시 아프리카로 돌아
와야만 했다.

그는 영국군에게 반격하려 했지만 독일군에게는 증원군과 보급품이
오지 않았고 기갑전을 준비하기 위한 석유가 너무 부족했다. 작전을 제
대로 수행할 수 없었던 롬멜은 결국 후퇴를 해야만 했다.

롬멜은 트리폴리를 거쳐서 튀니스로 철수를 하였고, 1943년 5월에는
시칠리아로 철군함으로써 북아프리카를 완전히 연합군에게 내주고 말
았다.

—

1991년 10월 23일

캄보디아 내전 종결

—

1990년 1월 국제 연합UN 안전 보장 이사회 상임 이사국은 프랑스 파
리에서 회담을 열어 캄보디아를 UN이 관리하기로 합의하였다.

이듬해인 1991년 6월에는 태국의 파타야에서 최고 민족 회의 회담을
갖고 무기한 휴전과 외국 군사 원조 금지를 합의하였다.

그리고 그해 10월 23일 캄보디아 내전의 장본인인 4개 정파와 19개
나라 외무장관이 파리 회담에 참가하면서 기나긴 내전이 끝났다.

4개 정파의 병력 40%를 줄이고 무장 해제와 휴전 감시 그리고 UN
평화 유지군 파견을 합의하였다. 그리고 1993년 4월부터 6월까지 캄보
디아 유엔 임시 통치 기구UNTAC의 감시 아래 총선거를 실시하였다.

그해 9월에는 제헌의회가 신헌법을 발포해 입헌군주제를 채택하였다. 그리고 1998년 4월에 독재자 폴 포트가 심장마비로 사망함으로써 캄보디아에도 평화가 찾아왔다.

* 1998년 4월 15일 '킬링필드의 주범, 폴 포트 심장마비로 사망' 참조

10월의
모든 역사

10월 24일

—

1945년 10월 24일

국제 연합이 설립되다

—

"우리는 통합과 상호 연결의 시대, 어떤 나라도 혼자서 모든 문제를 해결할 수 없는 시대, 모든 나라가 해결책의 일부가 되어야만 하는 새로운 시대 속에 살고 있음을 알게 됐습니다. (중략) 유엔의 역할은 선도하는 것입니다. 우리 모두는 오늘 여기서 무거운 책임감을 공유합니다. 그것이 바로 유엔이 과거 어느 때보다 다르고 심오한 방식으로 중요해진 이유입니다. 선도하기 위해 우리는 결과를 만들어내야 합니다. (중략) 사람들이 보고 만질 수 있고 변화를 만들어 낼 수 있는 결과가 필요합니다."

-반기문

제1차 세계 대전으로 국제 연맹이 성립됐지만 제2차 세계 대전을 막지 못하자 새로운 형태의 국제기구가 필요해졌다.

1941년 8월 미국의 프랭클린 루스벨트(Franklin Delano Roosevelt : 1882~1945) 대통령과 영국의 윈스턴 처칠(Winston Leonard Spencer Churchill : 1874~1965) 수상은 한자리에 모여 미·영 공동 선언을 발표하였다.

「대서양 헌장」이라고 부르는 이 선언을 통해 양국은 더욱 광범위하고 영원한 안전 보장 체제의 설립을 위해 침략 국가들을 무장 해제시킨다는 원칙을 내세웠다. 1942년 1월, 26개 연합국들은 워싱턴에 모여 침략 국가들에 대항하여 '연합국 선언'에 서명하였다.

이 문서에 처음으로 국제 연합(UN : United Nations)이란 용어가 사용되었다. 서명 참가국들은 「대서양 헌장」에 근거하여 독일·이탈리아·일본 3개국을 공격하고 참가국 상호간의 협력을 다짐하였다.

1943년 10월 모스크바에서 열린 외상 회의를 통해 미국·영국·중국·소련 4개국은 국제기구 설립에 관한 의견을 모아 공동 서약하였다. 「모스크바 선언」에 '4개국 정부는 국제 평화와 안전 유지를 위해, 주권 평등 원칙 하에 평화를 수호하는 나라가 가입하는 국제기구를 빠른 시일 안에 설립한다.'라고 명시하였다.

미국·영국·중국·소련의 대표들은 1944년 8월 미국 워싱턴 교외에 있는 덤바턴 오크스에 모여 국제기구의 헌장 초안을 만들었다. 1945년 2월에는 얄타 회담에서 미국·영국·소련의 대표 3인이 국제기구의 빠른 설립을 결의하고 연합국의 회담 소집에 대한 합의 내용을 정식으로 발표하였다.

그리고 그해 4월 샌프란시스코 회담에서는 총 50개국 대표가 국제 연합 헌장을 채택하고 뒤늦게 들어온 폴란드를 포함하여 10월 24일 51개 가맹국의 과반수 동의를 거쳐 정식으로 국제 연합이 성립되었다. 이듬해 1월 런던에서 제1차 총회가 개최되었다. 이후 매년 10월 24일을 국제 연합의 날로 기념하고 있다.

과거 국제 연맹도 국제 분쟁을 조정하고 침략 국가를 제재하는 규정이 있었지만 이사회와 총회의 결의는 강제력을 갖지 못하였다.

국제 연합은 안전 보장 이사회가 총회에 우월한 권한을 가져 이사회의 결의는 강제력을 가지고 있다. 대신 그 결의는 이사회의 상임 이사국 5개국과 비상임 이사국을 포함한 전체 11개 국가 중 7개 국가 이상의 동의가 필요하며, 안전 보장 이사회의 미국 · 영국 · 소련 · 프랑스 · 중국 중 단 한 나라만 반대를 해도 결의의 성립이 불가능하다. 이것은 강대국의 우월성을 인정해 준 것으로 거부권이 함부로 사용될 경우 이사회 운영에 문제가 될 소지가 컸다.

그리고 국제 연맹은 미국과 소련 등 강대국의 불참으로 유명무실했으나 국제 연합은 미국과 소련을 비롯한 다수 국가의 가입으로 위상이 올라갔다.

한편 전체 19장으로 이루어진 국제 연합 헌장은 국제 연합의 목적과 기본 원칙, 회원국 지위, 조직과 기구, 기능 등이 규정되어 있다. 총회 · 안전 보장 이사회 · 경제 사회 이사회 · 신탁 통치 이사회 · 국제 사법 재판소 · 사무국 등 6개의 주요 기구를 두었고, 국제 노동 기구ILO · 국제 연합 교육 과학 문화 기구UNESCO · 국제 연합 식량 농업 기구FAO를 비롯한 30개 상설 · 보조 · 전문 기구를 설치하였다.

2001년 10월 노벨 위원회는 노벨상 제정 100주년을 맞이하여 국제 연합과 코피 아난(Kofi Annan : 1938) 사무총장을 노벨 평화상 수상자로 선정하였다. 노벨 위원회는 다음과 같은 수상 이유를 밝혔다.

"냉전 종식으로 국제 연합의 기본 역할을 충실하게 수행할 수 있게 되었고
전 세계 평화와 안보를 위해 또한 경제와 사회 그리고 환경 분야의 여러
어려움에 대처하는 데 국제 연합의 역할이 중요하다."

 2012년 현재 우리나라의 반기문이 제8대 UN 사무총장으로 재직하
고 있다.

* 1945년 2월 4일 '얄타 회담 개최' 참조
* 1945년 6월 26일 '샌프란시스코 연합국 회의에서 국제 연합 헌장 조인'
  참조

—

1917년 10월 24일

카포레토 전투 발발

—

 1917년 10월, 오스트리아군은 독일군과 함께 카포레토 지역에서의
전투를 준비하였다. 독일 최고 사령관인 파울 폰 힌덴부르크(Paul von
Hindenburg : 1847~1934)가 오스트리아 최고 사령관인 아르츠 폰 슈
트라우스베르크(Arz von Straussenberg : 1857~1935)의 통합 작전 제
의를 받고 이를 수락한 것이었다.

 이로써 제1차 세계 대전이 발발한 뒤 독일군이 이탈리아 전선에서
오스트리아-헝가리군을 본격적으로 원조한 최초의 전투가 벌어지게

되었다.

이탈리아의 참모 총장 루이지 카도르나(Luigi Cadorna : 1850~1928)
는 늘 우려하던 독일군의 개입 사실을 확인하고 근심에 빠졌다. 이에
카도르나는 수적 우위를 앞세워 공세를 위한 준비를 하라고 명령하였
다.

하지만 이탈리아의 군 사령관 카펠로는 방어 라인을 강화하라는 명
령을 내렸다. 그는 방어를 강화한 뒤 남쪽으로 우회해 공격할 작전을
가지고 있었다.

드디어 10월 24일 새벽 2시, 독일군과 오스트리아군의 공세가 시작
되었다. 독일과 오스트리아 두 동맹국 측은 수류탄과 화염방사기를 이
용한 새로운 전술을 사용해 순식간에 이탈리아군의 참호선을 무력화시
켰다.

다음 날, 독일군과 오스트리아군은 두 번째 공격에서도 중앙 지역을
공략해 이탈리아군을 격퇴하였다. 더 이상 이탈리아군은 카포레토 전
선을 지킬 만한 힘이 없게 되었다.

결국 카펠로는 이탈리아군에게 후퇴를 명령하였다. 그리고 당시 이
탈리아 정부와 군대의 최고 통수권자였던 카도르나는 이 전투 패배의
책임을 지고 사퇴하였다. 11월 10일에는 베니스로부터 겨우 30km 떨
어진 피아베 강까지 후퇴하게 되었다. 반면에 동맹국 측은 별다른 피해
없이 진격을 계속할 수 있었다.

카포레토 전투 전까지 이탈리아군은 단독으로 오스트리아군과 전투
를 벌여 왔다. 하지만 독일군의 투입과 카포레토 전투의 패배로 인해
연합국이 이 전선에 투입될 수밖에 없었다. 결국 프랑스군과 영국군을
비롯하여 많은 수의 비행편대와 보급지원 부대들이 이탈리아에 배치되

었다. 이탈리아는 전력의 상당수를 프랑스와 영국에 의존하게 되는 상황을 벌어지게 되었다.

11월 12일, 독일군과 오스트리아군은 다시 공세를 시작하지만 이번에는 이탈리아군의 강한 저항과 병력의 부족으로 어려움에 봉착하였다. 이 공세는 12월까지 계속되지만 영국과 프랑스군의 지원과 이탈리아군의 재정비로 인해 실패하였다.

하지만 카포레토 전투는 독일과 오스트리아에게 제1차 세계 대전 사상 가장 성공적인 전투 중의 하나로 손꼽히고 있다.

—

1929년 10월 24일

뉴욕 주가 폭락으로 대공황 시작

—

"머지않은 미래에 정상적인 생산 수준에 도달할 수 있을 것이다. 우리가 자본주의 금융 구조의 붕괴를 막아 낼 수 있을까? 세계 경제를 이끌어 갈 만한 나라는 없고, 결정권을 가진 자들 사이의 원인과 해결에 관한 오류만 쏟아지는 상황이니 그저 회의와 의심만 가질 뿐이다."

-케인즈

대공황의 태풍이 불어오기 전 2, 3년간 미국의 주식은 하늘 높은 줄 모르고 올라갔다. 1928년 주식은 몇 차례 일시적인 소강 상태를 거쳐 지속적인 상승 추세에 있었다. 1928년 5월과 공황이 발생한 1929년 10월을 비교하면 주식의 평균 가격은 40% 이상 상승하였다.

다우존스 주가지수를 결정하는 주식들은 같은 기간에 두 배로 뛰었다.

주식 거래는 급속도로 늘어나 하루 거래량이 2,000만 주까지 거래되기도 하였다. 증권 회사는 주식을 사려는 사람들로 가득했고 주식 시장은 '투자'가 아닌 '투기'의 장소로 변화하였다.

그러던 1929년 10월 21일과 22일에 주가가 붕괴하기 시작했다. 미국 경제를 순식간에 삼켜 버린 10월 24일 목요일 주가는 하염없이 아래로 곤두박질쳤다. 그리고 10월 29일 '암흑의 화요일Black Tuesday'에는 주가 지수가 43포인트 하락하여, 1년 동안 거둔 수익을 단 하루 만에 날려 버렸다.

대부분의 주식이 휴지 조각 마냥 헐값이 되어 10월 초 주식 가치의 절반 이상을 손해 봤다. 주식은 멈출 줄 모르고 가격이 떨어져 4년이 넘도록 깊은 침체가 계속됐다.

제1차 세계 대전 이후 미국은 경제적 번영을 이룬 듯이 보였지만 그 이면에는 만성적 과잉 생산과 실업자의 배출이 문제였다. 1920년대 미국 경제는 투자가 일부분에만 집중되어 건설과 자동차 산업 등 일부 기초 산업에만 기대고 있는 상태였다. 1920년대 후반 건설과 자동차 산업도 침체기에 들어가 자동차 업계는 9개월 동안 30% 이상 매출이 감소하였다.

10월에 터진 주가 대폭락은 연쇄적인 파급 효과를 일으켜 생산 축소와 경제 활동의 마비를 가져왔다. 기업들이 줄지어 부도로 사라졌고 실업자가 급증하여 1933년에는 전체 근로자의 30%에 달하는 1,500만 명을 넘어섰다.

미국의 경제가 흔들리자 영국과 프랑스 그리고 독일 등 유럽에도 영향을 끼쳤다. 각국의 생산율은 나날이 하락하여 1932년 미국은 공황 발생 이전과 비교했을 때 1908년 수준으로 급격히 후퇴하였다. 농산물의 가격도 폭락하여 각 지역에서 커피와 가축 등이 대량으로 폐기되었다.

전 세계는 1930년대까지 불황의 어두운 터널을 지나야 했으며 미국
은 뉴딜 정책 등 불황 타개책에 의존해야만 했다.

* **1987년 10월 19일 '미국 주식 대폭락 블랙 먼데이 발생' 참조**

—

1648년 10월 24일

베스트팔렌 조약 체결

—

신성 로마 제국 황제의 권위를 다른 국가의 주권보다 우선시하던 시
절, 종교 개혁으로 신교가 등장하여 유럽 전역의 질서가 뒤흔들렸다.

신성 로마 제국의 황제 페르디난트 2세(Ferdinand Ⅱ : 1578~1637)의
반反종교 개혁에 대한 보헤미아의 반란으로 인해 1618년 독일에서는 30
년 전쟁이 시작되었다.

이 전쟁은 독일을 중심으로 전개되었지만 덴마크와 네덜란드, 스웨
덴, 프랑스, 에스파냐 등 유럽의 여러 나라들이 참여한 국제 전쟁이었다.
한마디로 전 유럽이 한 덩어리로 뒤엉켜 싸운 종교 전쟁이었던 것이다.

1637년에 페르디난트 2세가 죽자, 페르디난트 3세(Ferdinand Ⅲ :
1608~1657)가 새로운 신성 로마 제국의 황제로 즉위하였다. 그는 1641
년 종전을 제의했다. 그래서 1644년 봄부터 황제를 비롯해 영국, 프랑
스, 스웨덴, 에스파냐, 네덜란드 등이 참여한 강화 회의가 시작되었다.
하지만 협상은 흥청망청한 분위기에서 뚜렷한 성과를 거두지 못했다.

그러다 1648년 봄, 30년 전쟁의 진원지였던 프라하가 스웨덴에 점령
되고 프랑스가 황제군과 에스파냐 군대에 승리를 거두면서 협상이 급

진전되었다. 마침내 1648년 10월 24일 베스트팔렌의 오스나브뤼크에서 조약이 체결되었다.

그 결과, 가톨릭 제국으로서의 신성 로마 제국이 사실상 붕괴되었으며, 근대 유럽의 정치 구조가 나타나는 계기가 되었다.

10월의
모든 역사

10월 25일

1415년 10월 25일

영국의 헨리 5세,
아쟁쿠르 전투에서 프랑스군을 격파하다

-아쟁쿠르 전투 장면

중세 유럽에서 영국의 왕들은 프랑스 왕이 아키텐 지역과 다른 프랑스 땅들을 영국 왕의 영토로 인정하면 관습적으로 프랑스 왕위에 대한 계승권을 포기했다.

하지만 영국의 헨리 5세(Henry V : 1387~1422)는 프랑스와의 협상을 통해 장 2세((Jean II : 1319~1364)의 배상금으로 160만 크라운을 지불하고 아키텐뿐만 아니라 노르망디, 툴롱, 앙주, 브르타뉴, 그리고 플랑드르의 땅을 양도해야 프랑스 왕위를 포기할 것이라고 말하였다. 그리고 샤를 6세(Charles VI : 1368~1422)의 딸인 카트린 공주와의 결혼 지참금으로 200만 크라운을 요구했다. 이에 대해 프랑스 측은 지참금 60만 크라운과 아키텐 지역의 확장을 제시하였다.

결국 협상은 중단되었고, 이듬해인 1415년 8월 13일 영국은 약 1만 2,000명에 달하는 군대를 이끌고 북프랑스에 상륙하여 하르플러의 항구를 공략했다.

하지만 이곳에서의 공성전이 예상보다 길어졌다. 공성전 동안 프랑스군은 루앙 근교에서 군대를 조직하고 있었다. 이 병력은 영주들을 소집하여 구성한 봉건적 군대가 아니라 임금을 지불받는 군대였다.

프랑스의 샤를 6세는 9,000명의 병력을 모으길 원했으나, 이들은 제때에 하르플러를 구원할 준비를 갖추지 못했다. 결국 하르플러는 9월 22일에 항복하였다. 그리고 영국군은 10월 8일까지 이곳에 머물렀다.

하지만 겨울이 다가오면서 월동 준비를 해야 했고, 영국군 내에는 질병이 만연하여 많은 사상자를 내고 있었다. 결국 헨리 5세는 월동 장비를 구하기 위하여 그의 군대의 대부분인 약 7,000명을 북프랑스의 잉글랜드 거점인 칼레 항구로 이동시키기로 결심하였다.

헨리 5세가 북쪽으로 진군한 후에야 프랑스군은 영국군을 솜 강 근교에서 저지하고자 하였다. 그들은 일시적으로 영국군의 도강을 저지하는 데 성공하였으나, 결국 영국군은 베덴쿠르와 보이네에 있는 페로네의 남쪽에서 솜 강을 건너 북쪽으로의 진군을 계속했다. 이에 프랑스군은 세몽스 데 노블 지역 귀족들의 군대를 소집하는 동시에 헨리 5세의 군대를 뒤쫓기 시작했다.

마침내 10월 24일 양쪽 군대는 아쟁쿠르에서 맞서게 되었다. 하지만 더 많은 군대를 모으기 위해 프랑스군은 전투를 회피하였다. 결국 양쪽 군대는 저녁 내내 대치하면서 보냈다.

다음 날 프랑스군은 시간을 벌기 위해 협상을 제시하였으나 헨리 5세는 그의 군대에 진군하여 전투를 벌일 것을 명령하였다. 만약 그가 계속 머뭇거릴 경우 프랑스군이 더 많은 지원군을 끌어 모을 것이라는 것을 알고 있었기 때문이었다.

프랑스 귀족들 또한 샤를 6세에게 공격 명령을 내리도록 압력을 가하였다. 당시 중세의 전투는 섬멸전, 즉 적을 죽이기보다는 사로잡아 몸값을 받고 풀어주는 것이 전통이었다. 그래서 선공을 할 경우에는 포로를 잡을 확률이 더 높았기 때문에 귀족들은 포로를 잡아 한몫 챙기고자 하는 마음도 있었다.

결국 프랑스의 샤를 6세는 마지못해 공격 명령을 내렸다. 하지만 보병을 기병 앞에 세워 뒀던 관계로 사람보다 빠른 말이 제대로 돌격할 수가 없었다. 게다가 점성이 강한 아쟁쿠르의 흙은 비가 온 지 얼마 안 되어 끈적끈적한 상태였다. 이런 곳에서 무거운 철갑을 두른 병사들이 제대로 움직일 리가 없었다.

그 결과, 진열이 엉망진창이 되어 버린 프랑스군의 머리 위로 영국군의 화살이 떨어졌다. 결국 프랑스는 많은 병력을 잃고 패배를 당하였다.

이후 헨리 5세는 그의 모든 목적들을 달성할 수 있었다. 그는 1420년 트루아 조약을 통해 프랑스의 왕위 계승권과 섭정권을 인정받았다. 이 것은 카트린 공주와의 결혼을 통해 더욱 공고해졌다.

1983년 10월 25일

미국, 그레나다 침공

국제 연합 안전 보장 이사회는 미국의 그레나다 침공에 대해 '무력간섭 중단과 외국 군대의 철수' 결의를 채택하였다. 하지만 미국이 거부권을 행사해 별다른 대책을 세우지 못했다.

서인도 제도 동남부에 위치한 그레나다는 1973년 영국의 식민지에서 벗어난 인구 11만 명의 작은 섬나라이다. 그레나다는 1979년 인민 혁명 정부의 등장으로 자주적인 국가를 세웠다.

자메이카를 비롯한 대다수 카리브 해 국가들이 미국의 이익을 대변하는 친미 정권인 반면에 그레나다 정권은 미국의 장애물이었다.

그레나다 인민 혁명 정부의 강경파와 온건파 사이의 의견 대립으로 내전이 일어나자, 미국은 '미국 시민의 안전 확보, 민주주의 및 법질서 수호'를 명분으로 1983년 10월 25일 그레나다를 침공하였다.

미국은 1,200명가량의 병력을 투입하였으나 그레나다 군대의 거센 저항을 받자 7,000명 이상으로 늘려 그레나다군을 무력화시켰다.

무력으로 섬을 점령한 미국은 강경파 지도자들을 감금하고 그해 12월 친미 정부를 세웠다.

하지만 미국은 국제 여론의 차가운 시선에 밀려 1985년 6월, 침공 후 20개월 만에 그레나다에서 철수하였다.

1971년 10월 25일

중국, 국제 연합 가입

1945년 국제 연합UN의 설립 당시, 장제스(蔣介石 : 1887~1975)가 이끄는 국민당 정부의 중화민국은 상임 이사국 5개국 중 한 나라였다.

하지만 1949년 마오쩌둥(毛澤東 : 1893~1976)의 공산당에 패해 타이완으로 건너가 국민당 정부를 유지했다.

그래서 1971년 10월 25일 제26차 국제 연합 총회 본회의에서는 '중화 인민 공화국을 국제 연합에 받아들이고 중화민국 타이완 국민당 정부를 제외시키는 안건'이 가결되었다.

중화 인민 공화국은 중화민국을 대신하여 상임 이사국으로 임명되었고, 이에 반발한 타이완의 국민당 정부는 UN을 탈퇴하였다.

10월의
모든 역사

10월 26일

1947년 10월 26일

인도와 파키스탄 간에 카슈미르 분쟁이 시작되다

"나는 카슈미르에 평화 정착의 새로운 장이 열리고 있다고 믿는다. 우리는 지금 그 경계를 지나고 있다. 우리는 그들이 폭력의 길을 접는다면 모든 단체와 진솔한 대화에 나설 용의가 있다. 폭력의 시대가 저물고 있다. 시민들은 모든 문제의 평화적 해법을 원한다."

-만모한 싱, 인도 총리

히말라야 산맥 서쪽에 위치한 카슈미르는 과거 인더스 문명의 발생지에 포함되는 곳이다. 또한 기원전 3세기 마우리아 왕조를 시작으로 서기 500년 경 파키스탄 북부 탁실라를 중심으로 불교문화가 융성했던 곳이기도 하다. 11세기 들어 이슬람 왕조가 흥망을 거듭하고 16세기 말 무굴 제국에 점령되었다.

19세기에는 영국의 인도 점령으로 간접적인 지배를 받았다. 카슈미르에 번성한 500여 개의 작은 왕국들은 힌두교를 믿는 소수의 지배자들이 영국의 식민 지배에 동조하며 대다수의 이슬람교도를 억압하였다.

제2차 세계 대전이 끝난 후인 1947년 8월 영국이 인도에서 철수하자 인도와 파키스탄 양국 중에서 선택하여 편입하게 되었다. 당시 주민들 대다수가 이슬람 국가인 파키스탄으로 들어가길 원했지만 마흐라자 왕은 그해 10월에 각종 원조를 제공받는 대가로 인도로 들어가기로 결정하였다.

이에 10월 26일 인도와 파키스탄 간에 전쟁이 일어나면서 카슈미르 분쟁이 시작되었다. 파키스탄은 게릴라로 위장하여 수도 스리나가르를 점령하려고 하였다. 이에 맞서 인도는 정규 군대를 파견하였다.

11월에 인도의 자와할랄 네루(Pandit Jawaharlal Nehru : 1889~1964) 수상은 투표를 통해 카슈미르의 미래를 결정하기로 약속하고 카슈미르 문제를 국제 연합UN에 맡겼다.

결국 1948년 8월 UN의 중재로 양국은 카라치 협정을 체결하였다. 이 협정에 의해 잠무 카슈미르는 인도령으로, 나머지 서부 지역의 아자드 카슈미르는 파키스탄령으로 분할되었다.

하지만 이후에도 양국의 영토 분쟁은 계속되었다. 특히 1965년 4월 쿠츠 지역에서 양측 간에 충돌이 빈번히 발생하였는데, 이듬해에 소련의 중재로 타시켄트에서 휴전 협정이 체결됨으로써 종결되었다.

그리고 2003년 11월 국제사회의 노력으로 카슈미르 국경선 일대에서 전면 휴전에 들어가기로 합의했다. 그리고 이듬해인 2004년 6월 양국은 대사급 외교 관계를 완전 복원했으며, 2005년 4월에는 카슈미르 지역의 인도-파키스탄 사이를 잇는 버스 노선이 개통됐다.

하지만 2012년 현재 카슈미르는 또다시 핵무기를 보유한 인도와 파키스탄의 양국 군대 수십만 명이 대치하고 있는 위기일발의 분쟁 지역이 되었다.

1951년 10월 26일

영국의 처칠, 두 번째 총리 취임

—

1940년 5월에 윈스턴 처칠(Winston Leonard Spencer Churchill : 1874~1965)은 아서 체임벌린(Arthur Neville Chamberlain : 1869~1940)의 후임으로 영국 총리에 올랐다.

이후 그는 미국의 프랭클린 루스벨트(Franklin Delano Roosevelt : 1882~1945) 대통령과 함께 연합국을 이끌었으나 1945년 7월 의회 선거에서 노동당에게 패해 총리직에서 물러나야 했다.

영국 국민들은 전쟁 지도자로서 처칠에게 박수를 보냈지만 보수적인 국내 정책에는 등을 돌렸던 것이다. 하지만 1951년 10월 26일 보수당이 다시 선거에서 승리하자 77세의 처칠은 다시 총리에 취임하였다.

한편 처칠은 1948년부터 역사책인 『제2차 세계 대전』을 저술하여 1953년 총리 재직 당시 노벨 문학상을 수상하였다.

* 1940년 5월 10일 '영국, 처칠 총리의 연립 내각 성립' 참조
* 1945년 7월 27일 '영국, 노동당의 애틀리 내각 성립' 참조

—

1955년 10월 26일

오스트리아, 영세 중립국 선언

—

영세 중립국은 한 나라가 다른 나라에 대해 전쟁을 일으키지 않을 뿐만 아니라 다른 나라 간의 전쟁에 대해서도 중립을 지킬 의무를 가진 국가를 말한다. 이는 영세 중립 조약이라는 국제법상 조약을 체결함으로써 발생하며 조약 체결국으로부터는 영세 중립국으로서 영토의 보전과 독립이 보장된다.

오스트리아는 제2차 세계 대전 중에 독일 나치에게 합병되어 참전하였다. 그리고 전쟁 후에는 미국 · 영국 · 프랑스 · 소련 4개국에 의해 분할 점령되었다.

1955년 5월 오스트리아는 스위스식 영세 중립국으로 독립하기 위해 4개국과 조약을 체결하였다. 그리고 6월에 오스트리아 의회는 만장일치로 영세 중립국을 선포하였고, 10월 25일에는 분할 점령국 4개국 군대가 철수하였다.

다음 날인 10월 26일 의회에서 '오스트리아 중립에 관한 헌법'을 제정함으로써 오스트리아는 영세 중립국이 되었다. 그해 12월에는 정식 국가로서 국제 연합UN에 가입하였다.

10월의
모든 역사

10월 27일

■
:
■

1469년 10월 27일

네덜란드 인문학자 에라스무스가 태어나다

교회에 바치는 돈 몇 푼이나, 잠깐 동안의 순례 활동으로 당신들의
잘못과 범죄가 면죄받을 수 있다고 믿는다면 당신들은 단단히 속
고 있는 겁니다.

-에라스무스, 「기독교 병사의 소책자」

에라스무스(Desiderius Erasmus : 1466~1536)는 1469년 10월 27일 네덜란드 로테르담에서 성당 사제司祭의 사생아로 태어났다.

그는 이후 프랑스 파리에서 고전과 신학을 공부하였고 1506년 이탈리아로 건너가 그리스어 공부를 마무리하였다. 그리고 영국에 머무르며 캠브리지 대학교에서 최초로 그리스어와 신학을 강의하였다.

이런 경험을 바탕으로 1511년에 「우신예찬」을 출간하였다. 1516년에는 그리스어로 된 신약 성서를 자세한 설명을 달아 라틴어로 번역하였다.

그는 독선과 형식주의에 빠진 가톨릭에서 순수하고 소박한 과거 원시 가톨릭으로 돌아갈 것을 주장하였다. 성서가 일부 지식인과 성직자에게만 읽혀져 잘못 해석되는 것과 그들만의 독선에서 벗어나도록 일반 서민들에게 널리 알려져야 함을 중시하였다.

에라스무스는 일찍이 교황권의 남용과 단식 · 유물 숭배 · 독신주의 · 면죄부 판매 · 순례 · 고해 · 이단자의 화형 등에 대해 이의를 가지고 있었다. 마르틴 루터(Martin Luther : 1483~1546)의 종교 개혁이 휘몰아치기 16년 전, 1501년에 쓴 「기독교 병사의 소책자」에서 이미 신앙의 참된 모습을 제시하였다.

에라스무스는 개혁을 갈망했지만 교회를 벗어나지 않았으며 루터의 개혁을 무조건 지지하지도 않았다. 종교 개혁의 거센 바람과 가톨릭교회의 중간에 선 채 양쪽의 비난과 공세를 감당해야만 했다.

루터는 그를 진정한 기독교인이 아니라고 비난하였고 가톨릭교회에서는 그를 루터의 동조자라고 의심하였다. 하지만 에라스무스는 자신의 생각을 떳떳이 밝혔다. 루터의 성공이 겸손한 사람까지 망쳐 놓을 것이라며 경고했고 가톨릭교회의 비난을 받아도 가톨릭을 위해 자신을 희생할 수 있다고 자신 있게 외쳤다.

"혁명은 포악한 군주보다도 큰 문제이다. 나는 백성들의 마음을 뒤흔들고
싶지 않다."

교육과 관련하여 지식인들을 대상으로 한 「기독교인의 교육」과 서민
들을 위한 「올바른 강의 방법」을 펴냈다. 또한 고대 문학에서 전해 오
는 격언을 모은 「격언집」을 펴내기도 하였다.

그리고 「우신예찬」은 그가 40세 때 이탈리아를 둘러보고 돌아와 쓴
작품이었다. 그의 눈에 들어온 이탈리아는 온갖 사치와 낭비로 가득한
모습뿐이었다. 그 자신도 과거에 6년 간 수도원 생활을 했음에도 「우신
예찬」에서 수도원과 교회의 오만과 악습을 꼬집었다.

"지금 교황은 어려운 일들은 모두 베드로나 바울에게 넘긴 채 호화로운 의
식이나 즐길 거리만 찾을 뿐이다. 교황은 우신愚神 덕택에 안락한 생활을
하고 있는 것이다. 연극과 같은 화려하기만 한 교회 의식을 통해 축복이나
저주의 말 몇 마디를 해 주고 감시의 눈빛만 몇 번 비추면 그리스도에게
충실히 봉사했다고 생각하기 때문이다."

에라스무스는 1536년 7월 12일 스위스 바젤에서 70세를 일기로 사
망하였다.

—

1989년 10월 27일

바르샤바 조약 기구, 브레주네프 선언 폐기

—

1968년 11월 폴란드 공산당 제5차 대회에서 소련의 공산당 서기장 브레주네프는 다음과 같이 연설하였다.

"사회주의 진영의 어느 나라든 그 생존이 위협받았을 때는 사회주의 진영 전체에 대한 위협으로 보고 다른 사회주의 국가는 이에 개입할 권리를 가진다."

이는 앞서 8월에 발생한 소련의 체코 군사 개입을 정당화하기 위해 내놓은 주장이었다. 결국 이 주장은 사회주의 국가에서 반反혁명의 위협이 일어날 때는 군사 개입도 할 수 있다는 의미였다.

그러나 동유럽의 민주화 개혁이 절정을 이룬 1989년 10월 27일 바르샤바 조약 기구wto 외무장관 회의에 소련과 동유럽 사회주의 국가 외무장관들이 모였다. 그들은 이 자리에서 "모든 나라는 다른 나라의 간섭을 받지 않고 주권을 자유롭게 행사한다는 원칙을 존중한다."고 선언하였다.

이로써 1968년부터 동유럽 사회주의 국가의 이탈을 막기 위해 소련의 군사 간섭을 알렸던 '브레주네프 선언'은 폐기되었다.

그 후 동유럽 국가들의 소련 이탈은 한층 더 빨라졌다.

1553년 10월 27일

에스파냐의 신학자 세르베투스 화형당하다

에스파냐의 신학자 미카엘 세르베투스(Michael Servetus : 1511~1553)는 1511년 나발왕국 투델라에서 태어났다. 그는 1528년부터 법률과 성서를 공부했고, 1530년에는 독일에서 마르틴 루터(Martin Luther : 1483~1546)와 함께 교황에 반대하는 입장에 섰다.

하지만 그는 1553년 10월 27일 스위스 제네바에서 모든 사람이 지켜보는 가운데 장 칼뱅(Jean Calvin : 1509~1564)에 의해 산 채로 화형당했다. 삼위일체와 세례에 대한 견해 차이로 기존 종단에서 이단 혐의를 받았기 때문이었다.

하지만 그의 죽음 이후 프로테스탄트 교도들 사이에 이단자에게 사형을 부과하는 문제에 관한 논쟁이 일어났다. 특히 칼뱅에게 신랄한 비판이 쏟아졌다.

결국 그의 처형은 칼뱅의 과오라는 점이 인정돼 1903년 처형지인 제네바 근교에 속죄기념비가 세워졌다.

2010년 10월 27일

인도네시아, 천재지변으로 국가 비상사태 선포

2010년 10월 25일 인도네시아 수마트라 섬 서부 연안 믄타와이 군도의 한 섬으로부터 남서쪽으로 78km 떨어진 해저 20.6km 지점에서 규

　모 7.7의 강력한 지진이 발생하였다.

　이 여파로 최고 높이 6m의 지진 해일, 일명 쓰나미가 발생했다. 파도는 주변 섬마을 10여 곳의 내륙 600m까지 밀려들었으며, 규모 6 안팎의 여진도 이어졌다.

　또한 다음 날인 10월 26일에는 중부 자바섬 메라피 화산이 폭발하여 산 주변에 살던 주민 최소 28명이 사망하고, 1, 300여 명이 대피하였다.

　이틀에 걸쳐 잇따라 발생한 지진 해일과 화산 폭발로 인해 최소 300명이 사망하고 412명이 실종됐다. 결국 인도네시아 정부는 10월 27일 천재지변으로 인한 국가비상사태를 선포했다.

　이후 세계 각국에서는 인도네시아의 복구를 위해 의료팀과 구호팀을 파견하였다.

　한편 인도네시아에서는 2004년에도 쓰나미가 발생해 23만 명 이상이 사망한 바 있다.

10월의
모든 역사

10월 28일

1922년 10월 28일

이탈리아의 무솔리니가 이끄는 검은 셔츠단, 로마로 진군하다

-로마로 진군하는 검은 셔츠단

제1차 세계 대전 종전 이후, 이탈리아는 협상국들로부터 전승국답지 못한 푸대접을 받았다. 이로 인해 이탈리아 국내에서는 불만들이 터져 나왔고, 파업 또한 끊이질 않을 정도로 사회는 매우 혼란스러웠다.

그리고 사회주의자들이 대두하고, 농민들과 노동자들이 공산당을 창당하여 진보적인 정치 세력으로 발전하였다. 이에 이탈리아의 대지주 세력들이나 군부 등은 위기감을 느꼈다.

그래서 1919년 3월 베니토 무솔리니(Benito Andrea Amilcare Mussolini : 1883~1945)는 정치 · 경제 · 사회 분야 등에서 벌어지는 부조리들을 척결한다는 명분을 앞세워 극단적 보수 단체인 검은 셔츠단 Black Shirts을 만들었다.

검은 셔츠단이란 파시스트당의 엘리트를 구성된 단원들이 제복으로 검은 셔츠를 입은 것에서 유래하였다. 검은 셔츠는 파시스트 군대만 입은 것이 아니라 다른 파시스트와 그들에게 동조한 사람도 입었다.

1920년에 검은 셔츠단은 사회주의자뿐 아니라 공산주의자, 공화주의자, 민주적 노동조합도 무차별 공격하고 파괴하는 등 각종 정치 테러를 일으켰다. 이러한 파시스트 행동대가 늘어감에 따라 무고한 수백 명의 사람들이 살해당했다.

1922년 10월 24일에는 나폴리에서 열린 파시스트 대표자 회의를 구실 삼아 무장한 검은 셔츠단이 한곳에 모였다. 그리고 이들은 10월 28일 로마 진군을 감행하였다.

무솔리니가 로마에 들어오자, 이탈리아 국왕 비토리오 에마누엘레 3세는 무솔리니에게 내각을 구성해 달라고 요청을 하였다. 이에 따라 10월 31일 무솔리니는 무혈 쿠데타 성공을 선언하였고, 동시에 검은 셔츠단을 정규화한다고 발표하였다.

그리고 이듬해인 1923년에는 파시스트당을 제외한 모든 정당을 불법화하고, 그때부터 이탈리아를 전체주의 국가로 다스렸다. 그리고 2월에는 개인 조직이던 검은 셔츠단을 공공 조직인 파시스트 민병대로 탈바꿈시켰다.

그러나 1943년 이탈리아가 패배하면서 검은 셔츠단은 몰락을 맞게 되었다. 무솔리니는 나치 독일의 보호 아래 살로라는 도시에 이탈리아 사회 공화국 망명 정부를 세웠다. 그리고 그곳에서 검은 셔츠단을 부활시켰다.

하지만 이때의 검은 셔츠단의 수준은 더욱 악화되어 빨치산 토벌조차 할 수 없는 수준이 되었다.

—

1919년 10월 28일

미국 금주법 시행 세칙 발효

—

미국은 사회 문제를 해결하기 위해 1820년대부터 시작하여 제1차 세계 대전까지 10여 차례에 걸쳐 금주법禁酒法을 시행하였다. 이 법은 술을 만들지 못하게 하고 살 수 없게 하여 술을 못 마시도록 하는 법이었다.

제1차 세계 대전이 발발했을 때에는 전시의 식량 절약, 작업 능률 향상, 맥주를 만드는 독일인에 대한 반감 등 여러 사정이 얽혀 금주 운동을 전국화하자는 요구가 일었다.

그 결과, 미국 영토 내에서 알코올 음료를 양조 · 판매 · 운반 · 수출입하지 못하게 하는 미국의 수정 헌법 제18조가 연방 의회를 통과하였고, 1919년 10월 28일에 금주법에 대한 시행 세칙이 발효되어 시행되었다.

하지만 금주법 기간 중에도 술의 도수가 낮은 와인 같은 술은 마실 수가 있었다. 게다가 시간이 흐를수록 그 허용 범위 또한 완화되어 가정에서는 손님 응대를 위한 칵테일까지 마시게 되었다. 이로 인해 미국 가정에서는 손님이 찾아오면 칵테일 같은 음료를 내놓는 것이 관례로 정착하였다.

또한 금주법이 시행된 후에도 술을 마신 사람이 처벌받는 경우는 거의 없었다. 미국의 금주법은 술을 마시지 못하게 하는 법이 아니라 술의 제조 · 판매 · 운반 · 수출 · 수입 등을 금지한 법이었기 때문이다.

금주법이 시행됨에 따라 음주로 인해 발생하던 사회 범죄는 줄었지만 술의 불법 제조와 불법 유통 등이 활개를 치기 시작하였다. 이에 따르는 범죄도 크게 늘어나 결국 1933년 수정 헌법 제21조에 의해 금주법은 폐지되었다.

이후 금주는 각 주법이나 지방조례에 의한 권한이 되었다. 1966년에 미시시피 주州의 금주법 철폐를 마지막으로 모든 주에서 금주법이 폐지되었다.

312년 10월 28일

콘스탄티누스 1세, 서로마 제국 황제 즉위

콘스탄티누스 1세(Constantinus I : 274~337)는 274년 오늘날의 세르비아와 불가리아에 해당하는 지역인 모에시아에서 태어났다.

그는 로마의 군인으로서 296년 디오클레티아누스(Gaius Aurelius

Valerius Diocletianus : 245~316) 황제의 이집트 원정과 페르시아 전쟁에
참전하였다.

이후 콘스탄티누스 1세는 막센티우스(Marcus Aurelius Valerius
Maxentius : 278?~312) 황제의 부황제로서 6년 동안 갈리아와 이탈리아
에서 지냈다. 그리고 312년 10월 28일에 막센티우스를 물리치고 로마
를 장악해 서로마의 유일한 황제로 즉위하였다.

이듬해인 313년에는 밀라노에서 동로마 제국의 리키니우스 황제와
함께 그리스도교 신앙의 자유를 처음으로 공인한 '밀라노 칙령'을 발표
하였다. 325년 6월에는 콘스탄티노플에서 얼마 떨어지지 않은 니케아
에서 세계 교회 회의를 개최하였다.

또한 330년 5월에는 제국의 수도를 동쪽의 비잔티움으로 옮기고 자
신의 이름을 본떠 콘스탄티노플이라고 명명하였다.

그는 디오클레티아누스와 더불어 로마 제국의 재건자로서 높이 평가
받고 있다.

* 325년 6월 19일 '로마 황제 콘스탄티누스 1세, 콘스탄티노플에서 니케아
  공의회를 개최하다' 참조
* 330년 5월 11일 '콘스탄티누스 1세, 콘스탄티노플을 수도로 정하다' 참조

1886년 10월 28일

미국, 「자유의 여신상」 제막

원손에는 미국 독립일인 '1776년 7월 4일'이 적힌 명판을 들고, 오른손에는 횃불을 치켜든 「자유의 여신상」은 미국 뉴욕 항으로 들어오는 허드슨 강 입구의 리버티 섬에 서 있다. 정식 명칭은 '세계를 비치는 자유Liberty Enlightening the World'이다.

「자유의 여신상」은 1865년 프랑스의 정치인들이 미국의 독립 100주년을 축하하기 위해 멋진 선물을 하자는 제안에서 나온 것이다.

프랑스의 조각가 바르톨디(Frederic Auguste Bartholdy : 1834~1904)는 자신의 어머니를 모델로 삼아 1875년에 만들기 시작하여 1884년에 완공되었다. 이후 잠시 프랑스 파리에 서 있다가 1885년 배를 통해 미국으로 이송되어 1886년 10월 28일에 현재의 자리에 제막되었다.

여신상은 받침대를 제외한 몸체의 횃불 맨 끝까지의 높이가 46m이며 머리 크기가 8.5m에 달한다. 1984년에 유네스코 지정 세계 유산에 등록되었다.

10월의
모든 역사

10월 29일

1956년 10월 29일

이스라엘과 아랍 간의 제2차 중동 전쟁이 시작되다

수에즈 전쟁을 계기로 중동에서의 국제적 중재 역할은 영국과 프랑스에서 미국과 소련으로 넘어갔다. 미국은 아이젠하워 독트린을 발표하여 중동에서의 조정자로 나섰다.

아이젠하워 독트린은 1957년 1월에 미국의 아이젠하워 대통령이 의회에 보낸 중동 특별 교서이다. 공산주의 침략에 대비하기 위해 중동 지역 미군의 주둔 권한을 대통령에게 줄 것, 중동 지역에 대한 경제 원조로서 이후 2년 사이에 4억 달러를 지출할 것 등이 포함되어 있다.

1952년 7월 이집트에서는 혁명이 발발, 왕제가 붕괴되고 공화제가
실시되었다. 1956년 초대 대통령에 취임한 가말 압델 나세르(Gamal
Abdel Nasser : 1918~1970)는 그해 7월 수에즈 운하의 국유화를 선언
하였다. 그리고 이스라엘로 향하는 선박의 통항을 거부하고 티란 해협
을 봉쇄하였다.

이집트의 국유화 선언은 아스완 하이 댐 건설 자금 확보 문제와 연관
되었다. 그 이면에는 개혁파 아랍민족주의자이면서 제3세계 지도자였
던 나세르 혁명 정부의 탈脫식민 자주화 노선, 동서 냉전 체제 등이 깔
려 있었다. 나세르는 미국에게 댐 건설 자금 지원을 요청했지만 거절당
하고 국유화를 선언하며 소련에게 기댔다.

이에 10월 27일 이스라엘은 자국 선박의 안전 통항을 내세우며 국경
을 넘어 시나이 반도를 공격하였다. 그리고 이틀 후인 10월 29일 수에
즈 운하에 대한 이권을 소유하고 있던 영국과 프랑스 또한 수에즈 운하
를 공격하며 전쟁에 동참하였다. 이로써 '수에즈 전쟁'이라 불리는 제2
차 중동 전쟁이 발발하였다. 이스라엘 독립을 두고 벌어진 제1차 중동
전쟁이 종결된 지 7년 만이었다.

이스라엘은 곧바로 시나이 반도의 중요한 지역을 점령하였다. 영국
과 프랑스도 공군기들을 동원하여 이집트의 주요 공군 기지들을 공격
하는 한편 공수 부대를 투입하여 수에즈 운하를 점령하였다.

하지만 미국은 영국과 프랑스가 중동에서의 영향력을 확대하는 것을
우려해 두 나라의 군사 행동에 대해 비난하는 성명을 발표하였다. 소련
또한 이스라엘, 영국, 프랑스의 행위에 대해 대륙간 탄도탄 공격도 불
사하겠다는 위협을 가하였다.

그리고 국제 연합UN마저도 긴급 특별 총회를 소집하여 3개국에 대해

점령지로부터의 즉시 철수와 유엔군 파견 결의를 채택하였다.

국제 사회에서 침략자라는 낙인이 찍혀 버린 3개국은 결국 비난 여론을 견디지 못하고 점령지에서 철수할 수밖에 없었다. 그래서 영국과 프랑스는 그해 말에, 이스라엘은 이듬해인 1957년 3월에 철수하였다.

제2차 중동 전쟁을 통해 영국과 프랑스는 수에즈 운하에 대해 기득권을 포기해야만 하였다. 이스라엘 또한 아카만 만의 봉쇄를 푸는 데 만족해야 했다.

또한 이 전쟁을 통해 미국과 소련은 중동 지역에서 자신들의 영향력을 확대시킬 수 있었다. 그리고 나세르가 주창한 아랍 민족주의가 더 거세지는 결과를 가져왔다. 아랍 민족주의는 1964년 5월에 '팔레스타인 해방 기구PLO'를 탄생시키는 계기가 되었다.

* 1948년 5월 15일 '이스라엘과 아랍 간의 제1차 중동 전쟁이 시작되다'
  참조
* 1956년 7월 26일 '이집트의 나세르 대통령, 수에즈 운하 국유화 선언'
  참조
* 1964년 5월 28일 '팔레스타인 해방 기구가 공식 출범하다' 참조

1787년 10월 29일

모차르트의 오페라 「돈 조반니」 초연

수많은 여자들에 싸인 돈 조반니, 결국 친구 약혼녀의 아버지 기사장을 결투로 죽인 후에도 방탕한 생활을 계속한다. 어느 날, 돈 조반니는 기사

장 망령의 마지막 충고를 듣지 않아 지옥으로 떨어져 버린다.

「돈 조반니Don Giovanni」는 2막으로 구성된 오페라이다. 1787년 여름에 모차르트(Wolfgang Amadeus Mozart : 1756~1791)가 프라하 국립 극장의 의뢰를 받아 불과 6주 만에 완성하였다. 그리고 그해 10월 29일 프라하 국립극장에서 초연되었다.

여자를 밝힌 것으로 유명했던 돈 조반니가 여자들을 농락하다가 지옥에 떨어진다는 내용이다.

이 유명한 이야기는 음악으로도 많이 다루어져 수많은 명곡을 낳았는데, 모차르트의 오페라가 가장 유명하다.

「돈 조반니」의 음악은 전체적으로 극적 요소가 강하고 밀도 있게 짜여 있으며, '악을 행하는 자의 최후는 모두 이와 같다'고 노래 부르며 막이 내린다.

돈 조반니가 지옥 불에 떨어지는 장면은 영화 「아마데우스」를 통해서도 잘 알려져 있다.

▬

1990년 10월 29일

제2차 세계 기후 회의 개회

▬

1973년 환경 문제에 관한 국제 협력을 도모하기 위해 유엔 환경 계획UNEP이 창설되었다. 이어 1979년에는 UNEP, 세계 기상 기구WMO, 국제 과학 연맹 이사회ICSU가 공동으로 제1차 세계 기후 회의를 개최하였다.

이 회의에서 '인간의 활동에 의한 기후 변화 가능성'과 '부정적인 영향을 방지하기 위한 대책의 필요성이 제기되었다.

1988년에는 기후 변화에 관한 정부 간 협의체IPCC가 지구 온난화에 대한 연구 보고서를 발표하였다. 이 보고서를 토대로 각국의 정부 대표들은 세계 기후 협약 제정을 합의하고 온실가스 방지를 위해 힘쓸 것을 선언하였다.

그리고 1990년 10월 29일 UNEP, WMO 등이 주최하고 137개국 과학자, 정부 대표, 비정부 단체 등 700여 명이 참가한 제2차 세계 기후 회의가 스위스 제네바에서 개최되었다.

이 회의를 통해 기후 변화에 대한 기본 협약이 체결되었고, 2년 후인 1992년 5월에 정식으로 기후 변화 협약이 체결되었다. 이산화탄소를 비롯한 온실가스의 방출을 제한하여 지구 온난화를 방지하고자 하는 것이 목적이었다.

이후 2009년 8월에 '지구 기후 서비스망 구축' 등을 논의하기 위해 제3차 세계 기후 회의가 스위스 제네바에서 개최되었다.

* 1992년 6월 3일 '리우 회의, 브라질 리우데자네이루에서 개막하다' 참조

—

1923년 10월 29일

터키 공화국 수립

—

유럽의 광활한 영토를 지배했던 오스만 제국은 외세의 침략과 제1차 세계 대전 후 서구 열강에게 영토가 분할되면서 몰락의 길을 걸어야만 했다.

오스만 제국에 속해 있던 그리스는 고대 그리스 국가가 있던 지역인 흑해 연안과 소아시아 서북 지역을 빼앗으려 했다. 게다가 이스탄불까지 노렸다.

이에 무스타파 케말(Mustafa Kemal Ataturk : 1881~1938)은 그리스를 터키에서 몰아내는 데 성공한 후 군주제를 폐지하였다.

그리고 1923년 10월 29일에 터키 공화국을 수립하였다. 이듬해인 1924년 3월에는 의회 의결을 통해 한 사람이 정치와 종교의 권력을 갖는 칼리프caliph 제도를 폐지하면서 근대화 정책을 추진하였다.

* 1919년 5월 19일 '터키 혁명이 시작되다' 참조

10월의
모든 역사

10월 30일

—

1947년 10월 30일

관세 및 무역에 관한 일반 협정이 체결되다

—

GATT(General Agreement on Tariffs and Trade)는 1947년 제네바에서 미국을 비롯한 23개국이 조인한 국제 무역 협정을 말한다. 제네바 관세 협정이라고도 한다. 우리나라는 1967년 4월 1일에 정회원국이 되었다.

1929년 대공황을 전후로 하여 미국 등 세계 각국은 관세를 올리고 수입량을 제한하는 등의 보호주의 체제를 강화하였다. 무역 장벽의 구축에 따른 무역 전쟁을 잠재우기 위한 국제적 노력은 제2차 세계 대전 중인 1944년 7월 브레튼우즈Bretton Woods 체제를 세우는 데 성공하였다.

미국의 브레튼우즈에서 연합국 44개국에 의해 만들어진 브레튼우즈 체제는 국제 통화와 국제 투자를 각각 담당하는 국제 통화 기금IMF과 국제 부흥 개발 은행IBRD을 발족시켰다. 하지만 국제 무역 기구ITO의 설립은 쉽지 않았다.

1946년 이후로 미국에 의해 추진된 국제 무역 기구 설립이 지연되자 우선 1947년 10월 30일 잠정 적용 협정, 즉 관세 및 무역에 관한 일반 협정GATT이 체결되었다. 이 협정에 의거하여 1948년 1월 1일 GATT가 발효되었다.

원래 GATT는 ITO의 설립을 조건으로 만들었고 1948년 쿠바의 하바나에서 ITO 헌장이 채택됐지만 미국 등의 반대로 ITO 설립은 무산되었다. 그 후 GATT가 국제 무역 정책 조정의 중심으로 부각됐다.

GATT 국가 간에 무역 장벽을 없애고 자유로운 국제 무역을 발전시키기 위한 목표 아래 ① 관세율 인하 ② 수입 제한의 폐지 ③ 무차별 · 최혜국 대우 등의 원칙을 세웠다.

그리고 GATT 체제에서는 계약 체결국 간의 협상 의무 불이행시 특별한 보복 조치를 할 수 없었다. 또한 GATT는 상품 분야만 관여했으며 농산물과 섬유류는 GATT의 규율 범위 밖에 있었다.

GATT 체제는 IMF와 IBRD를 중심으로 한 브레튼우드 체제와 함께 제2차 세계 대전 이후 자본주의 국가들의 경제 활동을 보장해 주었다.

이후 계속해서 GATT는 여덟 차례에 걸친 다자간 무역 협상을 주도

하였다. GATT는 법적으로는 국제기구가 아닌 국제 협정이었지만, 사무국과 총회 그리고 이사회 등을 통해 실질적으로는 국제 무역 기구의 역할을 하였다.

하지만 1986년 9월 우루과이의 푼타 델 에스테에서 열린 GATT 각료 회의에서 참가국들이 뉴라운드 개시 의제에 합의함에 따라 GATT 체제는 1994년 12월 6일로 막을 내렸다.

그리고 우루과이 라운드 협상 결과의 준수 여부를 감시할 더욱 강력한 세계 무역 기구WTO가 1995년 1월 1일에 출범했다.

* 1995년 1월 1일 '세계 무역 기구WTO 출범' 참조

—

1961년 10월 30일

소련, 수소 폭탄 차르 봄바 실험 실시

—

1961년 10월 30일 오전 11시 33분경, 소비에트 연방 북극해의 노바야제믈랴 섬에서 강력한 폭발 소리가 들려왔다. 이것은 소련이 개발한 수소 폭탄 차르 봄바Tsar Bomba가 터지는 소리였다. 차르 봄바는 '폭탄의 황제'라는 뜻이다.

무게 27t, 길이 8m, 지름 2m의 차르 봄바는 TNT 50 메가톤의 파괴력을 가져 기존의 폭탄 중에서 가장 강력한 무기였다. 히로시마와 나가사키에 투하된 원자 폭탄의 위력보다 3800배 이상 강한 정도이니 그 위력은 가히 상상할 수가 없다.

차르 봄바는 앞선 7월 10일 니키타 흐루시초프(Nikita Sergeyevich

Khrushchev : 1894~1971)의 지시에 의해 개발이 시작이었다. 실제 사용을 위한 무기라기보다는 냉전 중에 미국에 대한 시위의 목적이었다. 그리고 불과 14주 만에 폭탄은 완성되었다. 기존의 부품을 활용했기에 가능한 일이었다.

콜라 반도의 비행장을 이륙한 개조된 투폴레프 Tu-95 폭격기를 이용, 고도 1만 500m에서 투하되었다. 투하할 때 실험자의 안전을 위해서 특별히 제작된 800kg 무게의 낙하산을 이용하였다. 폭탄은 기압 센서를 이용, 지면으로부터 해발 4,200m 높이에서 폭발하였다. 폭발의 화구는 지상에까지 닿았고, 위로는 폭탄이 투하된 비행기의 고도까지 닿았다.

비행기는 이미 45km 밖의 안전한 곳으로 이동한 후였지만. 폭발은 1,000km 바깥에서도 보였고, 폭발 후의 버섯구름은 높이 60km, 폭 30~40km까지 자라났다.

100km 바깥에서도 3도 화상에 걸릴 정도의 열이 발생했고, 후폭풍은 1,000 km 바깥에 있는 핀란드의 유리창을 깰 정도였다.

2012년 현재에는 이 폭탄은 여전히 위협으로 존재한다.

1991년 10월 30일

이스라엘과 요르단, 마드리드 중동 평화 회담 개최

1948년 건국 이후부터 이스라엘은 요르단과 줄곧 교전 상태를 유지해 왔다. 그러다가 1967년 6월에 발발한 제3차 중동 전쟁에서 이스라엘은 국경 지역의 사해와 그 남단의 요르단 영토를 점령하였다. 이에 요르단은 팔레스타인 해방 기구PLO와 연대하여 영토 반환을 계속 요구하였다.

그러던 중 1991년 10월 30일 미국의 주선으로 스페인 마드리드에서 중동 평화 회담이 개최되었다. 이스라엘과 아랍권의 각국 대표들이 한자리에 모인 첫 번째 평화 회담이었다.

이스라엘은 회의 참석 조건으로 PLO의 참가 배제를 요구하였다. 이에 이스라엘 내의 팔레스타인을 대표하여 요르단-팔레스타인 공동 대표단이 참석하였다. 이 회담에서 요르단은 자국 영토의 반환을 의제로 상정하고 이스라엘과 2년에 걸친 협상에 들어갔다.

그 결과, 1993년 10월 이스라엘은 점령지를 요르단에 반환하고 요르단 강 연안의 수자원 개발을 통하여 요르단에 안정적인 물 공급을 하기로 하였다.

1973년 10월 30일

터키 보스포러스 대교 완공

1973년 10월 30일 터키 공화국 선포 50주년을 기념하여 만든 보스포러스Bosphorus 대교가 완공됐다.

길이 1,560m 넓이 33m의 현수교로서 유럽 대륙과 아시아 대륙을 가르는 보스포러스 해협에 만들어져 '유라시아 대교'라고도 불린다. 1970년에 착공에 들어간 이 다리는 설계는 영국, 건축은 독일에서 하였으며, 총공사비는 11억 5,000만 달러가 소요되었다.

초당 45m 강풍에도 견딜 정도로 건축하기 전 모든 예상되는 천재지
변에 대비하여 제일 안전도 높은 다리로 설계되었다.

다리 상부는 바닷물로부터 65m 높이에 있어 대형 선박들이 다리 밑
을 지날 수 있다. 또한 안전을 위해 사람의 통행은 불가능하며 자동차
만 오갈 수 있다.

10월의
모든 역사

10월 31일

1932년 10월 31일

싱가포르 화교 은행이 설립되다

전 세계에서 총 재산이 5억 달러 이상인 화교는 150명가량이며, 아시아 1,000대 기업 중 화교가 경영하는 기업은 절반을 넘는다. 또한 동아시아 상권의 60% 이상을 장악하고 있다.

전 세계 화교 자본은 현금과 채권 형태로 1조 5,000억 달러, 주식과 자산으로 5,000억 달러 이상을 보유해 유동 자금 규모가 최소 2조 달러를 넘고 있다. 국제 금융가에서는 자금 동원 능력에서 화교 상권을 미국, 유럽 연합에 이은 세계 3위의 경제 세력으로 평가하고 있다.

일반적으로 해외에서 거주하는 중국계 사람들을 일컬어 '화교華僑'라
고 부르고 있다. 이전에는 해외에 있는 중국인 전체를 말하는 말로 쓰
였지만 요즈음은 더 구체적이고 한정된 의미로 사용하고 있다.

그래서 '화교'는 중국에서 태어났지만 고국을 떠나 외국에서 살고 있
는 교포 중에서 중국어를 사용하고 외국 국적이 아닌 중국 국적을 갖고
있는 사람을 말한다. 보통 연로한 중국인 1세가 대부분이어서 점차 숫
자가 줄어들고 있다.

반면에 '화인華人'이라는 말은 외국에서 태어나 대개 외국어만 사용하
며 외국 국적으로 현지에 정착해 사는 사람을 말한다. 대부분 화교 2, 3
세들로서 중국계 미국인, 중국계 태국인이라는 식으로 부르며 전체 해
외 중국인 가운데 많은 비중을 차지하고 있다.

'화교'와 '화인'에 대한 중국의 공식적인 견해는 다음과 같다.

화교는 중국 국적과 중화민족의 특징을 갖고 해외에 사는 중국인을 말한다.
이들은 중국 국민으로서의 신분을 유지하고 있기 때문에 이들이 해외에 살더라
도 그들의 권리나 이해가 침해받는 경우에는 중국 정부의 보호를 받을 수 있다.

그와 달리 화인은 중화민족의 특징을 갖고 있긴 하지만 생활하는 나라의 국
적을 갖고 있기 때문에 그들의 권리가 위협받았을 때라도 중국 정부의 보호를
받을 수 없다.

하지만 이들도 중국인이라는 민족적 관계로써 일정 부분 도움을 받을 수는
있다. 또한 그들의 현재 국적을 포기하고 중국의 국적을 취득하여 중국 정부의
보호를 받을 수도 있다.

'화교'와 '화인'의 개념을 모두 포괄하는 것이 바로 '중화민족'이라는 민족적
인 공통성이다.

전체 해외 거주 중국계의 숫자는 대략 3,000만 명으로 알려졌으며 그중에서 중국 국적을 갖고 있는 화교들은 200만 명 정도로 잡고 있다. 그 외에는 현지 외국의 국적을 가진 화인으로서 전체의 90%를 차지하고 있다. 거기에 홍콩과 마카오의 600만 명, 타이완의 2,000만 명 등을 합치면 중국 대륙 이외 지역에 살고 있는 중국계 숫자는 약 6,000만 명에 달한다.

중국 본토 거주자들은 몽골족의 무자비한 탄압을 피해 태국 등 동남아로 이주하기 시작하였다. 그 후 명나라에 이르러 말레이시아와 베트남 등지에 이민이 시작되었다. 본격적인 해외 이주가 시작된 것은 서구 열강들이 들이닥친 18세기~20세기로, 열강들은 그들의 식민지 운영에 값싼 인력이 많이 필요했다.

'화공華工'이라 불린 중국인 일꾼들이 동남아를 비롯한 각지로 옮겨가 현재의 화교와 화인들의 선조가 되었다. 동남아시아에서 화공이라 불린 중국 일꾼들의 이주는 1785년부터 시작됐다. 그해 말레이시아를 점령한 영국은 현지 개발을 위해 많은 수의 일꾼이 필요하여 중국 일꾼들을 강제적으로 투입하였다.

1800년 영국의 동인도 회사는 광둥 성廣東省 곳곳에서 일꾼들을 불러 모아 밀수출하기도 하였다. 1819년 영국은 싱가포르를 점령한 후 개발을 위해 화공들이 필요했다. 19세기 중반에는 영국의 식민지였던 미국에서 금광이 발견되어 많은 노동자가 필요했다.

그때는 이미 유럽이나 미국에서 노예 해방이 이어져 흑인 노예들을 구할 수가 없었다. 이 때문에 많은 중국인들이 미국으로 이주할 수 있었다. 이들이 이주한 곳은 미국의 광산이나 철도 건설 공사 현장뿐만 아니라 브라질의 커피 농장, 파나마의 운하 건설 현장, 캐나다의 목장,

쿠바의 사탕수수 농장, 인도네시아의 고무 농장, 오스트레일리아의 담배 재배 농장 등으로 매우 다양하였다.

명나라 말기부터 아편 전쟁까지 약 300년 동안 수십만 명에서 100만 명 정도에 그쳤던 해외 이주 숫자는 19세기 중반을 넘어서면서 기하급수적으로 늘어났다. 1879년에 300만 명, 1905년에 760만 명, 1931년에 1,283만 명이었다.

하지만 1930년대 대공황이 일어나자 해외에서도 실업자가 생겨나면서 화공들을 찾지 않았다. 또한 산업화가 진행될수록 기계화로 인해 더 이상 많은 숫자의 노동자가 필요하지 않았다. 이 때문에 중국인의 해외 이주는 줄어들게 되었다.

해외로 떠난 이유의 대부분은 경제적 빈곤에서 벗어나기 위해서였다. 가까스로 외국행 배를 탄 화교들은 땀 흘려 번 돈으로 중개업이나 금융업 등의 상업에 종사하여 부를 축적할 수 있었다. 싱가포르를 예로 들면 20세기 초 화교 경제의 확대에 따라 출신 지역을 기준으로 금융 기관이 나오기 시작했다.

여러 은행과 금융 회사가 난립하던 중 1932년 10월 31일 푸젠 성福建省 출신의 사업가 이광전이 주도하여 타 은행들을 합병하면서 당시 싱가포르 최대의 화교 금융기관인 '화교 은행 유한 공사華僑銀行有限公司'가 만들어졌다.

19세기 후반에서 1940년대까지 식민지 지배하에서 동남아 화인들의 금융업은 초기 화교 비즈니스 발전을 촉진하여 회교 사회의 경제적 자립을 위해 큰 역할을 하였다.

1984년 10월 31일

인도의 인디라 간디 수상 피살

그 어떤 증오도 인도와 국민을 향한 나의 사랑을 덮어 버릴 만큼 짙은 그
림자를 드리울 수는 없으며, 그 어떤 힘도 이 나라를 앞으로 나아가게 하
려는 나의 의지와 노력을 굽힐 만큼 강하지 않았다.

- 인디라 간디

인디라 간디(Indira Priyadarshini Gandhi : 1917~1984)가 어렸을 때부
터 그녀의 가족들은 마하트마 간디(Mohandas Karamchand Gandhi :
1869~1948)가 이끄는 인도 독립 운동에 전념하였다.

집에는 수시로 경찰이 찾아왔고 가족들이 체포되어 옥살이를 하는
모습도 지켜보아야 했다. 이 때문인지 인디라는 12세 때부터 독립 운
동에 참가하였고 21세 때인 1938년에 인도 국민 회의파에 입당하였다.
24세에는 영국으로부터 인도를 독립시키기 위한 '인도를 떠나라고 하
는 운동The Quit India movement'을 지지하다가 감옥에 갇히기도 하였다.

독립 운동의 불꽃이 인도 여성들에게 전해질 것이 두려운 정부는 인
디라를 혹독하게 대했다. 1947년에 인도가 독립하자 그녀의 아버지 자
와할랄 네루(Pandit Jawaharlal Nehru : 1889~1964)는 인도의 첫 번째 수상
이 되었다.

인디라는 아버지의 자문 위원으로서 외교를 위해 세계 각지를 돌아
다니는 아버지를 보필하였다. 인디라는 1955년 국회 활동 위원회에서
활동하였고 4년 후인 1959년에 마침내 인도 국민 회의 의장으로 선출

되었다. 그리고 1964년에 네루가 병으로 세상을 떠나자 1966년에 인도 최초의 여성 수상으로 추대되었다.

당시에는 여성이 수상으로서 제대로 활동할 수 있을지 우려의 목소리가 컸다. 하지만 그녀는 냉담한 시선에 아랑곳하지 않고 꿋꿋이 의정 활동을 수행하였다. 그리고 인도를 차지하려는 미국과 소련의 간섭을 뿌리치고 헐벗은 이들을 위한 빈곤 퇴치 운동을 벌였다.

그녀의 굽힐 줄 모르는 강한 신념과 용기 그리고 실천력은 인도가 국제적으로 제3세계의 중요 국가로서 제 역할을 할 수 있도록 기반을 만들었다.

또한 인디라는 분리주의자들을 진압하기 위해 강경책을 사용하였다. 대표적인 것이 시크교도들의 성전인 황금 사원을 무력으로 진압한 '푸른 별 작전'이었다. 1984년 6월에 인도 군대의 탱크를 황금 사원으로 진입시켜 수백 명을 죽이고 황금 사원 일부와 시크교의 본부를 파괴시킨 사건이었다.

성전의 공격은 시크교도들에겐 엄청나게 큰 모욕이었기에 시크교도들은 이후 국민 회의에게 등을 돌렸다. 그리고 인디라는 그해 10월 31일 시크교도 경호원에게 피살되었다.

인디라의 피격 사실이 알려지자 인도는 슬픔과 분노로 가득하여 수도 델리에서는 시크교도를 상대로 한 테러가 자행되었다. 불과 며칠 사이에 4,000여 명의 시크교도들이 힌두교도에 의해 희생되었다.

인디라의 뒤를 이어 총리가 된 인물은 그녀의 아들 라지브 간디(Rajiv Gandhi : 1944~1991)였다. 폭동을 잠재우기 위해 라지브는 군대를 투입하고 자신이 직접 폭동의 중단을 호소하였다.

1874년 10월 31일

청나라와 일본, 타이완 문제에 관한 조약 조인

'일본 군대의 타이완 파견은 자국민 보호 행위이며 청나라는 살해된 유구 사
람들에 대한 위로금으로 10만 냥, 타이완에 설치한 일본군 시설물에 대한 보
상금으로 40만 냥을 지불한다.'

1871년 말, 현재 일본 오키나와沖繩 지역에 있던 섬나라 유구琉球인들이
바다를 표류하다가 타이완 원주민들에게 살해되었다. 청 · 일 수호 조약을
맺기 위해 베이징에 왔던 일본 관리는 타이완 원주민의 처벌을 요구하였
다.

이에 대해 청나라는 애매한 태도를 보였다. 그러자 일본은 직접 타이완
의 원주민을 처벌하겠다며 1874년 4월 3,000명의 병력을 보내 타이완을
침공하였다. 그리고 7월에는 추가 파병하여 타이완을 점령하였다.

8월이 되자 일본은 관리를 청나라로 보내 청나라와 외교 교섭을 벌였
다. 그리고 10월 31일 양국은 타이완 문제에 관한 조약을 체결하였다. 하
지만 어이없게도 청나라는 일본의 요구를 있는 그대로 다 들어주어 청나
라가 유구에 대한 영유권을 포기하고 일본에게 권리를 넘겨준 꼴이 됐다.

당시 청나라 정부는 신강新疆 지역에서 러시아와 분쟁 중이었고 중국 각
지에서 서구 열강과 크고 작은 분쟁이 있었기에 일본의 속셈을 미처 간파
하지 못했던 것이다.

결국 일본은 1879년 유구를 오키나와 현縣으로 바꾸어 일본의 영토로
흡수하였다.

—

1512년 10월 31일

시스티나 성당의 천장화 공개

—

1508년 5월 10일 교황 율리우스 2세(Julius Ⅱ : 1445~1513)는 화가 미켈란젤로(Michelangelo Buonarroti : 1475~1564)에게 시스티나 성당의 천장화 작업을 맡겼다.

그 후 미켈란젤로는 조수 1명 두지 않고 거의 혼자서 그 작업을 4년 동안 진행하였다. 그리고 마침내 1512년 10월 31일 일반인에게 공개하였다.

미켈란젤로는 높이 20m, 길이 41.2m, 폭 13.2m의 천장에 천지창조를 중심으로 한 그림을 그렸다.

천장의 수평면은 9등분이 되었는데 제단 쪽에서부터 천지창조의 이

시스티나 성당 벽화

야기를 전개했다. 미켈란젤로는 입구에 있는 「술 취한 노아」부터 그리기 시작하여 9개의 장면을 8개월 후에 완성했다. 1510년부터는 9개의 그림 주변을 메워나가기 시작했다.

구약 성서에 나오는 예언자 7명, 이방의 예언자인 무녀 5명, 그리고 8개의 삼각 부분에는 구약 성서에 나오는 그리스도의 선조들, 그리고 천장 사각의 모서리에는 이스라엘을 구한 성인을 그렸다. 20개의 기둥 위에는 4인 1개조의 젊은 군상을 그렸다.

그 후 이 그림은 여러 번 덧칠과 복원을 거듭했으며 1982년 일본의 한 방송사의 후원으로 최초의 작품과 유사하게 복원되었다.

* 1508년 5월 10일 '이탈리아의 화가 미켈란젤로, 시스티나 성당의 천장화 작업 시작' 참조

10월의 모든 역사_세계사

초판 1쇄 인쇄 2012년 10월 1일
초판 1쇄 발행 2012년 10월 5일

지은이 이종하

펴낸이 김연홍
펴낸곳 디오네

출판등록 2004년 3월 18일 제313-2004-00071호
주소 121-865 서울시 마포구 연남동 224-57
전화 02-334-7147 **팩스** 02-334-2068
주문처 아라크네 02-334-3887

ISBN 978-89-98241-01-8 03900

※ 잘못된 책은 바꾸어 드립니다.
※ 값은 뒤표지에 있습니다.